CW01647792

# KILIMANJARO ALS MEDICIJN

*Van Anna Chojnacka zijn verschenen*:

De Poolster ◈
Kilimanjaro als medicijn ◈

◈ Ook als e-book verkrijgbaar

ANNA CHOJNACKA

# KILIMANJARO ALS MEDICIJN

UITGEVERIJ LUITINGH-SIJTHOFF

MIX
Papier van verantwoorde herkomst
FSC® C004472
FSC
www.fsc.org

Uitgeverij Luitingh Sijthoff en Drukkerij Ten Brink vinden het belangrijk om op milieuvriendelijke en verantwoorde wijze met natuurlijke bronnen om te gaan.


Uitgeverij Luitingh ~ Sijthoff B.V., Amsterdam

Omslagontwerp: Marry van Baar
Omslagfotografie: Bonnita Postma
Foto auteur: Bonnita Postma
Typografie: Wim ten Brinke

ISBN 978 90 245 6704 1
NUR 320

www.boekenwereld.com
www.lsamsterdam.nl

Voor de gevers, de doeners, de aanjagers.
Voor hen die het onbekende niet schuwen, het verkennen, ondergaan, meenemen en het tot een onderdeel van het gewone maken.
Voor de lezers, de denkers.
Voor jou.

*'Maak een verhaal … (…) Omwille van ons, toon hoe de wereld voor je is, op de donkerste plaatsen en in het licht. Vertel ons niet wat te geloven en wat te vrezen. Toon ons de wijde rok van de overtuiging en het stiksel dat het schild van de angst ontrafelt.'*

Toni Morrison, Nobelprijs voor de Literatuur, 1993

In memoriam Mark Bos

# INHOUD

# BIJSLUITER

Voor u ligt een boek dat gezien de huidige tijdgeest wellicht de indruk wekt een handleiding te zijn om MS te genezen. Een magische formule die een ongeneeslijke kwaal kan helen: het liefst binnen zes weken.

Dat is helaas niet het geval.

Wat deze bescheiden pil u wel aanbiedt is een verslag van een zoektocht en van wat die heeft opgeleverd. Inderdaad, ook een zoektocht naar genezing of in ieder geval naar methodes om de kwaliteit van mijn leven en dat van de mensen om me heen te verbeteren. Het blijft mijn overtuiging dat als we het zoeken naar geneesmiddelen anders en efficiënter inrichten, we veel sneller tot de gewenste resultaten komen.

Bovenal is dit verhaal echter een voortzetting van de ontdekkingsreis die we met elkaar ondernemen: een ontginning van de essentie van ons eigen bestaan, een onderzoek naar wie we zijn en, net zo belangrijk, naar wie we graag zouden willen zijn.

Het is een gemeenschappelijke tocht, soms onder gunstige omstandigheden, soms ver verwijderd van de ideale wereld. We lopen hele stukken alleen en we trekken ook grote stukken op met dierbaren of mensen die we zelfs na jaren nog niet goed blijken te kennen.

Het enige wat altijd met ons meegaat zijn we zelf.

# PROLOOG

## 10 JANUARI 2014

JULLIE GAAN ALLEMAAL DOOD.

De noodlottige waarschuwing staart me vanaf het laptopscherm aan. De woorden in deze zoveelste mail vervagen eerst en smelten dan samen tot de ijzige boodschap die als een emmer koud water recht in mijn gezicht gesmeten wordt.

Het is stil in huis. Een sereniteit verkregen dankzij het dagelijkse intense ritueel van het afscheid nemen van de dag door mijn kinderen. Een lastig moment waarop telkens blijkt dat er nog zoveel zaken zijn blijven liggen. Tekeningen die afgemaakt moeten worden. Miraculeus teruggevonden restanten van appels die alsnog opgepeuzeld moeten worden. Niet uitgelezen boeken die als een ondraaglijke last in de gedachten van mijn kinderen zweven. Elke dag is te kort, er is nog zoveel te doen. Alleen de magische belofte van weer een volgende ochtend, een hele dag zelfs, kan ze in slaap sussen. Dan pas heerst er rust.

Op de andere bank zit A., mijn man, eveneens met een laptop op schoot, hij werkt zijn dagelijkse digitale werkstroom bij. Gelaten registreer ik hoe mijn hartslag versnelt, de trilling in mijn been. Al zit hij zo dichtbij, ik durf hem niet aan te kijken. Mijn blik dwaalt over de muur, het flakkerend haardvuur, en richt zich dan weer op het scherm, op het bericht.

De mail is van de Arts. Hij is niet onze expeditiearts, hij is 'gewoon' een arts die meegaat op de tocht. Maar toch, mocht er iets met een van ons gebeuren, dan zal hij ter verantwoording worden geroepen. Dat kan hem zijn carrière kosten.

Daarom waarschuwt hij ons. Hij waarschuwt ons met een dergelijke regelmaat en urgentie dat ik zijn berichten de 'Jullie-gaan-allemaal-doodmailtjes' heb gedoopt. Elk bericht is een ernstige waarschuwing. Deze keer bevat zijn mail een noodlottig voorbeeld uit zijn praktijk. 'Ik heb inmiddels een heel vervelende voorbeeldcasus gehoord van iemand die niet meer wakker werd.' Het betreft een vrouw die voor een goed doel de Kilimanjaro beklom en in coma raakte. 'Dat kan jou en mij ook gebeuren! Wees je *BEWUST* van je keuze! *ZIEK-ZIJN* en dit negeren is letterlijk *LEVENSGEVAARLIJK.*

*WEES TE ALLEN TIJDE EERLIJK TEGENOVER JEZELF EN DE GROEP. ZIEK-ZIJN IS ACUUT: STOP EXPEDITIE!!!'*

De Arts heeft gelijk. De op handen zijnde reis ís ook een hachelijke onderneming. Met vijfentwintig man gaan we de Kilimanjaro beklimmen, een berg van 5895 meter hoog. Een tocht die normaal gesproken in gemiddeld zes dagen afgelegd wordt om het acclimatisatieproces te bevorderen en zo hoogteziekte te voorkomen. De tocht van zes dagen houdt al een stijging in van meer dan de officiële richtlijn van driehonderd meter per dag adviseert.

Wij gaan deze tocht in minder dan drie dagen afleggen, wat de kans op hoogteziekte exponentieel doet toenemen. In lichte vorm uit hoogteziekte zich in hoofdpijn, misselijkheid, verwarde spraak en wankel lopen, verschijnselen die tegengegaan kunnen worden door tijdig te dalen. In ernstige vorm kan het leiden tot een zwelling van de hersenen en/of de longen, met onherstelbare schade en mogelijk zelfs de dood tot gevolg.

Ongeveer vijfenzeventig procent van alle klimmers die de klim op de 'normale' manier doen en er dus vijf tot zeven dagen over doen, krijgt te maken met milde tot ernstige verschijnselen van hoogteziekte. Slechts veertig procent van de klimmers bereikt om die reden de top. Elk jaar weer vinden er enkelen de dood op de hellingen van de imposante berg, die al ruim een miljoen jaar onverstoorbaar boven de vlakten van de savanne uitstijgt.

Onze klim komt neer op een stijging van minimaal dertienhonderd meter per dag. Het risico op hoogteziekte neemt toe als er sprake is van uitputting, onderkoeling en/of uitdroging. Bovendien doen we de klim ook nog eens onbeschermd, slechts gekleed in een korte broek voor de heren, plus een topje voor de dames. Temperaturen tussen de min tien en min twintig graden, vergezeld van forse wind en sneeuwval, zijn boven op de Kilimanjaro niet ongewoon.

We ondernemen deze tocht onder de leiding van Wim Hof, ook wel bekend als de Iceman.

Wim zelf is geoefend in het omgaan met extreme kou en extreme hitte, omstandigheden die voor een gewone sterveling volgens de geaccepteerde maatstaven dodelijk zijn. Na het leveren van allerlei prestaties die tot zesentwintig wereldrecords hebben geleid, is het nu zijn missie om zijn technieken aan de gewone sterveling te leren.

Dankzij die technieken – ademhaling, geleidelijke blootstelling aan de kou en extreme concentratie – moet ook een normaal mens veel meer kou aankunnen dan hij denkt. Hetzelfde geldt volgens Hof ook ten aanzien van uitputting en zuurstoftekort. Voor de verschillende deskundigen die we hebben geraadpleegd staat het evenwel vast: deze klim, onder leiding van de man die een memorabel televisieoptreden had door aan één vinger te hangen aan een touw dat op grote hoogte tussen twee vliegende heteluchtballons was gespannen, is onverantwoord.

We vertrekken over drie weken.

I

# TIJDSTIP 0

## I

Het is eind 2008 als een aardige verpleger de paniekknop in mijn handen drukt. Ik weet nog dat ik peinzend naar het voorwerp keek. Dat ik het moeilijk kon rijmen met wat er ging gebeuren. Er zou slechts een onschuldige scan gemaakt worden van mijn hoofd, een MRI-scan om precies te zijn.

Drie uur daarvoor zat ik gewoon op mijn werk, achter mijn laptop, de plek waar ik eigenlijk nog steeds het liefst had gezeten, ware het niet dat... Ja, wat eigenlijk? Zittend achter het scherm vertroebelde mijn zicht ineens: vreemd, de zijkant loste op in een mist, vervormde... Moeilijk te omschrijven en bovendien, het is alweer voorbij.

Niets aan de hand. Toch zit ik hier, met een rubberen peer in mijn hand, waarin ik mag knijpen in het geval van opkomende paniek.

Zoals vaker is het een keten van gebeurtenissen waardoor dingen uit de hand lopen, en die dag vormde hierop geen uitzondering. Op het moment dat de vertroebeling mij overviel was A. thuis. Dat was toeval, want ons jongste zoontje was ziek. Hij was al de hele week ziek. De eerste twee dagen bleef ik thuis bij hem en op de derde dag droeg ik hem, inmiddels al behoorlijk hersteld, over aan de goede zorgen van mijn man. A. was dus thuis. Als A. niet thuis was geweest, had hij me niet opgehaald nadat ik had gebeld met de mededeling over de vertroebeling van mijn zicht. En als hij me niet had opgehaald, had hij me niet naar de huisarts gestuurd. Als hij me niet naar de huisarts had gestuurd, had de huisarts me niet doorverwezen naar het ziekenhuis. Als ik niet was doorverwezen naar het ziekenhuis, was ik hoogstens een uurtje op de bank gaan liggen en daarna gewoon weer aan het werk gegaan, alleen dan thuis.

In plaats daarvan zit ik hier, op een smal, wit bed, met een rubberen peer in mijn hand. Verlangend denk ik aan mijn werk, waar op dit moment ongetwijfeld heel belangrijke beslissingen worden genomen, zonder mij.

'Er wordt zo meteen een krachtig elektromagnetisch veld gecreëerd: de weefsels, het bot, de hersenencellen hebben elk een andere dichtheid, met een eigen resonantie, een eigen weerklank. Hierdoor krijgen we een inkijkje in je hoofd,' legt de verpleger mij uit.

Hij is werkelijk erg aardig.

In de duisternis kan ik zijn naamplaatje niet lezen en ik durf niet naar zijn naam te vragen.

Ik weet nog wel hoe de coassistente heet die me eerder op de dag heeft begeleid: Susan. Zij is degene die me ter voorbereiding een folder laat zien van een MRI-scan: een reclame van Philips waarop een apparaat staat in de vorm van een tube met vlinders eromheen. Het ziet er kleurrijk en gezellig uit.

De verpleger gebiedt me ondertussen te gaan liggen op een ander, nog smaller bedje. Alleen gekleed in een hemdje en een legging stel ik de duisternis erg op prijs. 'Het creëren van het magnetisch veld gaat gepaard met heel veel herrie. Wil je oordoppen?' vraagt hij. Ik knik van ja.

'En vergeet niet je paniekknop, voor als je het niet trekt,' zegt hij tot slot en hij duwt het rubberen voorwerp opnieuw in mijn hand. Op welk moment precies is het 'mijn' paniekknop geworden?

'Het is belangrijk om tijdens een MRI niet te bewegen. Daarom zetten we je hoofd vast, oké?'

'Oké.' Ik knik weer, minder zeker deze keer. De naamloze verpleger buigt zich over me heen, hij heeft nu een ijzeren kooi in zijn handen. Nadat hij mijn hoofd heeft vastgezet, bevestigt hij dit metalen Hannibal Lecter-masker op mijn hoofd. Daarna schroeft hij het vast.

Ik verstevig mijn grip om het rubberen voorwerp in mijn hand, maar van paniek is vooralsnog geen sprake.

'Je kunt je ogen beter dichthouden daarbinnen,' luidt zijn laatste advies. Hierop schuift hij me met plankje en al naar binnen, hoofd eerst. Ik beland vanuit de duistere kamer in een felverlichte tunnel. Onmiddellijk sper ik mijn ogen open. Ik ben opgesloten, ingeschroefd in een metalen gevaarte. De wandjes sluiten me in, lijken dichterbij te komen. Ik sluit mijn ogen, maar het helpt niet.

Uit de buik van de tube komt een laag, doordringend gebrom. Een geweld dat al mijn botten door elkaar lijkt te schudden.

Een uitgang zie ik nog steeds niet. Als een reus die vast komt te zitten in de gangen van het Star Trek Enterpriseschip, bevind ik me in een capsule waaruit geen ontsnapping mogelijk is. Deze capsule, met mij er nog in, kunnen ze honderd jaar, duizend jaar lang opbergen. Dit is mijn eigen Gouden Ei, een kist waarin ik zal zweven zonder doel, waarmee ik nooit ergens zal aankomen. Met de wetenschap dat er achter deze wanden niets, maar dan ook helemaal niets is...

Met een ruk word ik uit de tube getrokken, mijn vingers diep in de rubberen peer gegraven. Het Hannibal Lectermasker wordt eraf geschroefd.

'Ik vond je al zo vrolijk naar binnen gaan,' zegt de verpleger zacht.

Met alle kracht die ik in me heb bereid ik me voor op de tweede poging om de scan uit te laten voeren. Wederom doe ik een beroep op mijn ratio. De paniekknop doet het dus, je bent veilig, niks aan de hand...

Hannibals masker wordt er weer op geschroefd, opnieuw

wordt het plankje met mij erop naar binnen geschoven. Deze keer dwing ik mezelf gewoon om mijn ogen gesloten te houden. Dit gaat voorbij, spreek ik mezelf toe.

Ook een eeuwigheid gaat voorbij.

Dan is het klaar. De verpleger haalt het ijzeren masker weg en ik word op slag extreem vrolijk. Ontmoetingen met je eigen vergankelijkheid, zeker eentje zoals deze met een goede afloop, dragen bij aan levensgeluk, dat is bekend. Ik zwaai nog net niet uitgelaten naar de radioloog achter het glas. Ook fysiek ben ik prima in orde. Voel me vooral opgelaten omdat ik de tijd van de artsen heb verspild en ook ons aller belastinggeld, want het leek me een vrij prijzig ding, de MRI-scanner. (Al was dit duidelijk de variant zonder vlinders.)

Mijn bezwete hemdje, dat naar zurig angstzweet ruikt, trek ik in het hokje uit en prop ik in mijn tas. Opgelucht trek ik de rest van mijn kleren aan en neem plaats op een van de stoelen in de gang, wachtend op Susan, de coassistente, die me sinds mijn binnenkomst in het ziekenhuis heeft begeleid. Deze keer trek ik wel mijn laptop open, nou ja, het kwaad is al geschied. Blij ook dat ik het gedaan heb, want het duurt nog ruim een halfuur voordat Susan me komt halen. 'We gaan nog even langs de neurologe,' zegt ze.

Ik volg haar, met mijn vingers zoekend naar mijn telefoon; eindelijk kan ik A. bellen en vragen of hij me alsjeblieft op wil halen, dit heeft echt veel te lang geduurd. De weg naar de neurologe is echter korter dan je zou verwachten gezien de omvang van het ziekenhuis. Zonder dat ik de gelegenheid heb gehad te bellen bereiken we de spreekkamer en ik neem plaats tegenover de neurologe.

De coassistente gaat naast me zitten, ze lijkt niet op haar gemak. Zelf voel ik me ook een beetje ongemakkelijk. Vanochtend bij binnenkomst al had ik moeten vertellen dat mijn zicht vrijwel meteen beter was geworden; nu hebben ze al die grote machines en dure artsen erbij gehaald...

Ondanks mijn ongemak kijk ik de neurologe toch maar aan, ik wil niet nog onbeleefder lijken. De vrouw ontwijkt mijn blik. Met haar bril op haar neus tuurt ze ernstig in een bruine kartonnen map.

'Mevrouw, het is het beste om het maar gewoon te vertellen,' zegt ze dan eindelijk en ze kijkt me deze keer wel recht aan.

'U heeft MS.'

## 2

Er bestaat een heel effectieve techniek die je kunt toepassen als je een grote prestatie wilt leveren onder druk. Stel, je moet spreken in het openbaar, een presentatie waar alles van afhangt, je baan wellicht, of nog erger, je zelfbeeld, omdat het om iets gaat waar je goed in zou moeten zijn. Mocht je haperen of je tekst vergeten, dan zul je ontmaskerd worden. Dan blijk je iemand anders, een slechter persoon te zijn, niet degene die je dacht te zijn.

De truc is erin te gaan geloven dat de taak die je te wachten staat onbeduidend is. De overtuiging dat het niet zoveel voorstelt, niet allesbepalend is, haalt de druk van de ketel, geeft je lucht om te handelen. De ruimte om er gewoon te zijn, met de spanning, de mogelijkheid tot falen, dus om er te zijn met dat wat er is.

Het werkt, meestal.

Hier in de spreekkamer, waar de neurologe me sinds haar mededeling wederom niet aankijkt, was het me vooralsnog niet helder wat het precies is dat ik onbeduidend moest vinden. Het stof is nog niet neergedaald, de ontploffing suist nog na in mijn oor. Tijdstip 0.

Ergens in mijn achterhoofd heb ik het idee dat er een protocol is, een etiquette die je als patiënt moet volgen bij het horen van slecht nieuws, maar het schiet me niet te binnen. Voor mijn ogen verandert de neurologe in een Hogepriesteres die me net mijn noodlot heeft meegedeeld. De heerseres over deze Kathedraal. Niet degene die de bom laat ontploffen, nee, slechts het orakel dat de waarheid verkondigt.

'De ervaring leert dat patiënten bij een slechtnieuwsgesprek toch niks horen,' zegt ze en ik hoor haar stem nauwelijks door het suizen in mijn oor.

Ze krabbelt iets op een formulier.

'Goed. De definitieve diagnose wordt vastgesteld na het liquoronderzoek. Ga hier buiten de trap af, dan naar rechts, weer de trap af en dan naar links. Daar kun je een dagopname regelen. Voor een dinsdag of een donderdag.' Ik knik, maar kan niet opstaan.

De signalen die mijn hersenen sturen verdwalen ergens onderweg en lossen op in het niets.

De neurologe wacht nog even beleefd. Susan kijkt naar de vloer. Uiteindelijk sta ik toch op en loop verdwaasd langs hen heen naar de deur.

Versuft daal ik de trappen van deze betonnen kolos af tot ik uiteindelijk het souterrain bereik. Bij de balie volstaat het inleveren van het formulier, de vrouw achter het raampje vraagt niet verder en geeft me een nieuw papier terug. Verdwaasd kijk ik naar de telefoon, die ik al die tijd in mijn hand heb.

Ik zoek een wc, bel A. dan alsnog en begin ongecontroleerd te huilen. 'Het is niet goed,' snik ik, 'het is godverdomme niet goed.'

'Wat? Wat is er?'

'Het is MS.'

Stilte.

'Wat?'

Ik geef geen antwoord.

'Wat is dat, MS?' vraagt hij.

Verdomme.

Ze heeft het net uitgelegd, maar ik weet het niet.
Iets onbeduidends.
'Het is iets ergs.'

## 3

Binnen vierentwintig uur weten we het precies.

Uiteindelijk leren we van Wikipedia dat MS een aandoening is van het centrale zenuwstelsel, waarschijnlijk een auto-immuunziekte (ik val mezelf aan?), die zich uit in afbraak van de beschermlaag rondom je zenuwen, in je ruggenmerg, je hersenen, wat uiteindelijk tot het uitvallen van de zenuwbanen leidt (welke?).

Al googelend brengen we deze eerste dagen door. Samen met onze twee zoontjes op de bank, op de televisie wezenloze kinderfilms; door hun jonge leeftijd – anderhalf en tweeënhalf zijn ze nog maar – beseffen zij gelukkig niet welk drama zich aan deze kant van het scherm afspeelt.

Af en toe gaan de kinderen naar de opvang, maar mijn man ik blijven deze eerste dagen op de bank. Allebei met een laptop, plus de boeken die we relevant vonden en meteen hebben besteld. Maar het is voornamelijk Google waarmee we uren doorbrengen: de uren waarin de Kathedraal gesloten is of de Hogepriesteres met andere audiënties bezig is, met andere dolende zielen dorstig naar verlossing. Hard aan het werk maar gesloten voor ons.

Internet is daarentegen altijd open. Hier zijn we dag en nacht welkom, in deze eindeloze Bazaar waar iedereen zijn kennis, ervaringen en meningen dumpt, ongehinderd door regels of structuren. Persoonlijke ervaringen naast flarden wetenschappelijk onderzoek, meningen zij aan zij met statistische gegevens. Een plek van hoop: er is zoveel, vast ook iets wat enig soelaas kan bieden. Maar ook een plek voor horror. De plek waar klinische termen een gezicht krijgen, een verhaal. Waar 'incontinentie' het verhaal van een vrouw van dertig is die met een luier door het leven gaat en 'ataxie' gelijk staat aan een man van amper vijftig die niet meer recht kan lopen, voor altijd veroordeeld tot een permanente vorm van dronkenschap. Spreekstoornissen, zichtstoornissen, geheugenstoornissen, dementie, psychoses, spasmen: de lijst is eindeloos en het is ook nog eens een loterij. Geen idee welk lootje ik de volgende keer mag trekken, hoe groot de prijs dan precies is (blijvend, terugkerend, eenmalig?) en hoeveel prijzen er nog zullen vallen.

En als we het noodlottige nieuws langzaam verspreiden, beginnend met familie en een handjevol vrienden, weet ik precies wat ieders reactie is: schrik tijdens het horen van het nieuws, een mengeling van medelijden en sensatie, en na afloop van het gesprek doet iedereen hetzelfde: de term 'MS' googelen en uitzoeken wat dit vonnis nou precies betekent.

## 4

Zo gaan de eerste dagen voorbij, dagen waarin ik nog steeds wanhopig de onbeduidendheid van dit alles probeer in te zien. Als een dood vogeltje lig ik op de bank, te verlamd om enige actie te ondernemen.

Slechts een paar dagen eerder was het dat ik in de hoogste versnelling naar mijn werk vlóóg; onze kersverse organisatie bevond zich in een ontzettend opwindende fase. We bouwden aan een website waarmee mensen ontwikkelingsprojecten aan de andere kant van de wereld rechtstreeks van geld en andere hulp konden voorzien. Scholen, klinieken en kleine ondernemers in ontwikkelingslanden konden op ons platform aangeven wat ze nodig hadden. Het idee was dat mensen graag bijdragen aan concrete, zichtbare projecten waarvan duidelijk is wie erachter zit.

Het was vernieuwend, nooit eerder hadden we, verbonden door het internet, zo dicht bij elkaar gestaan als mensheid. Het platform noemden wij de 1%Club, om aan te geven dat elkaar helpen helemaal niet zo moeilijk hoeft te zijn. Dat kleine beetje – 1% – van je tijd, geld of kennis was vaak meer dan genoeg. Het idee sloeg aan en samen met de gelijkgezinde B. gingen we voortvarend aan de slag. We groeiden hard en juist deze week hadden we een vierde teamlid aangenomen.

Achteraf zou blijken dat wij, de 1%Club, een van de eerste crowdfunding-platforms aan het opzetten waren, al bestond deze term op dat moment nog niet eens. Facebook en Twitter stonden op het punt om (een deel van de) wereld te veroveren, maar op dat moment had nog niemand ervan gehoord. We wisten en voelden wel dat we met iets nieuws bezig waren, we hoopten de regels van hoe het spelletje rondom ontwikkelingswerk werd gespeeld – ondoorzichtig, van bovenaf opgelegd, met veel overbodige tussenstappen en met weinig inspraak van degenen voor wie de hulp bedoeld was – te veranderen. Blijkbaar hadden we de tijdgeest te pakken, want naast het verwachte onbegrip en de hoon, of nog erger, beleefde welwillendheid richting dit groepje jongelui dat 'iets met internet deed', kregen we verrassend veel aandacht en ondersteuning. De wereld was duidelijk aan het veranderen en wat ons betrof was het een heel goede verandering. Dit was óns tijdperk, waarin iedereen met iedereen in gesprek kon gaan, samen dingen kon creëren, geografische en sociale barrières kon slechten. Het bruiste, het gonsde, mogelijk werden hier niet alleen de regels van het spel veranderd, maar werd er een heel nieuw spel gevormd, en wij stonden er middenin.

Dit vogeltje had niet veel hoger kunnen vliegen.

Dat echte leven, het leven van ervoor, waarin de grootste zorg was het combineren van mijn werk met de tsunami aan emoties en bezigheden die het opvoeden van onze twee mannetjes met zich meebracht, lijkt mijlenver weg. Waar maakte ik me toen, een dag of drie geleden, druk om? De uitdagingen van een kersvers bedrijf het hoofd bieden, een reis voorbereiden, een oppas regelen, een verjaardag vieren, presentaties voorbereiden. Paf.

'Blijf stilliggen,' verzoekt de Hogepriesteres mij. Ik draai toch mijn hoofd om en zie een naald van vijftien centimeter in haar hand. Haar blik is warm vandaag, ze straalt een stille berusting uit.

Gedecideerd draait ze mijn hoofd weer de andere kant op. Dan steekt ze de naald tussen mijn wervels, hoog op mijn rug. Ze duwt hem naar binnen, centimeter voor centimeter. Het voelt koud aan.

'De diagnose wordt definitief gesteld wanneer alle uitslagen binnen zijn.'

'Dus het kan nog iets anders zijn?' vraagt A.

A. wil getallen op papier, uitslagen. Misschien is de oceaan aan informatie, de brij die over ons uitgegoten is, helemaal niet relevant. Een vergissing. Voor mij is de routineuze poging tot medeleven van de Hogepriesteres echter genoeg. Als je het weet, dan weet je het. En zij weet het.

De Hogepriesteres tapt verschillende buisjes vloeistof af. Dan trekt ze de lange naald er behoedzaam weer uit.

Na de ingreep word ik geacht enkele uren volkomen plat te liggen. Ik doe mijn ogen dicht en laat de orkaan over me heen razen. We negeren van nature onze eigen vergankelijkheid, het feit dat we er op een dag niet meer zullen zijn. De eindigheid. Het voelde als een recht je eigen dood te mogen vergeten. Sinds zesenzeventig uur is dit besef echter in mijn leven en het strekt zich als een zwarte sluier uit: het duister strekt zich niet alleen uit over vandaag, zoals ik hier in dit bed lig met geen ander uitzicht dan het plafond. Voelt het zo om chronisch bedlegerig te zijn, verlamd te zijn? Een muur, een raam, is er wel iemand in de buurt om de televisie voor je aan te zetten? Kun/mag je dan nog wel televisiekijken? Volkomen platliggend, zoals ik op dit moment gedwongen doe, kan/mag ik het bijvoorbeeld niet. De sluier bedekt ook mijn toekomst.

Wat aan dit verhaal onbeduidend is, ben ik.

Google zei dat MS de levensverwachting niet hoeft te beïnvloeden. Uit het boek dat ik van de neurologe kreeg, met een literaire wrangheid *Ontmantelde zenuwen* geheten, bleek de onderzochte groep van tweeënveertig MS-patiënten een levensverwachting te hebben van gemiddeld zeventien jaar na de diagnose.

Het was maar één onderzoek, absoluut geen prognose, hou ik mezelf voor. Zevenveertig.

Over zeventien jaar ben ik zevenenveertig.

Het beschreven geval van de vrouw met MS die op haar dertigste dement werd (haar hersenen verschrompelden simpelweg tot de omvang van een uitgedroogd walnootje) zegt eveneens niks over mijn toekomst.

Het voelde ook wrang dat een mededeling over mogelijke gebeurtenissen in de toekomst zo'n impact had op het heden. Leven in het nu mocht dan het summum zijn voor de verlichte mens, terwijl juist in zoveel acties die we ondernemen een belofte schuilt… Je maakt een afspraak: je belooft dat je over een maand op plek A aanwezig zult zijn. Je schrijft een meerjarenplan voor je bedrijf, daarmee beloof je dat je er nog bent, volgend jaar, over twee jaar, over drie jaar zelfs om alle strategische kwesties door te voeren, op te lossen. Fit, gezond en bij zinnen. Met elke aai en knuffel die je aan je kinderen geeft beloof je dat je er voor hen bent, je belooft er voor altijd te zijn, er onfeilbaar, onverwoestbaar te zijn.

Het was een illusie van oneindig leven, deze voorspoed zonder eind.

Het was wel een illusie waar ik godverdomme recht op

had. Hoe kon ik me nog tot een ander verhouden in de wetenschap dat...

Dat ik zo feilbaar was?

Als de neurologe later die dag nog langskomt vraag ik: ‘Over twee weken zou ik naar Nairobi gaan voor mijn werk. Denkt u dat ik kan gaan?’ Het is de bedoeling dat een deel van de ontwikkeling van de 1%Club vanuit Nairobi plaats gaat vinden en ik kijk erg uit naar deze reis.

Ze kijkt me aan met een blik die eerder medelijden uitstraalt dan medeleven.

‘Mijn advies is om het vooral rustig aan te doen.’

## 5

Eenmaal thuis heb ik twee dagen lang barstende hoofdpijn. Ook kan ik nauwelijks rechtop zitten. Een bijwerking van de lumbaalpunctie, wordt me verteld.

Als ik niet beter wist, dan zou ik denken dat het de arts is die me ziek heeft gemaakt.

Drie dagen in totaal breng ik liggend op de bank door. M. en J. komen af en toe op me klimmen. Met de zachte lichaampjes tegen me aan gevlijd kijken we tekenfilms. Tussendoor lezen A. en ik nog steeds alles wat ik kan vinden over MS. Hiertoe behoren ook de MS-folders die ik in het ziekenhuis meekreeg. Deze blijken afkomstig van de farmaceutische industrie. De gemiddelde medicatie van een MS-patiënt kost ongeveer twaalfhonderd euro per maand. Dat staat niet in deze folders, die informatie vind ik op internet. De folders zelf tonen opgewekte MS-patiënten die vertellen een prima leven te hebben dankzij medicatie A, B of C. Een moeder merkt op dat haar kinderen altijd iemand hebben die ze opwacht met een pot thee. Sereen kijkt ze in de camera.

Het komt me voor als je reinste horror.

De afgelopen jaren met mijn kinderen waren een bijzonder intensieve ervaring waar ik verschillende bijvoeglijke naamwoorden voor kan bedenken, 'sereen' is er echter niet een van.

Leven met kleine kinderen heeft nog het meeste weg van een dienst voor onbepaalde tijd (maar in ieder geval enkele jaren) op de eerstehulpafdeling. Niet zozeer omdat er zoveel bloed vloeit, het grootste gedeelte van de tijd niet in ieder geval, maar door de constante noodzaak van paraatheid. Er is er altijd wel eentje die honger heeft, of juist niet wil eten of iets zit te eten wat hij niet mag eten. Er wordt gelachen, gehuild of geschreeuwd en vaak alles tegelijkertijd. Er valt er een om. Er wordt iets uitgesmeerd. Een van de twee spuugt, kwijlt.

Los van het feit dat ik mijn eigen schoolcarrière, die in totaal een kleine twintig jaar heeft geduurd, toch heb doorlopen met altijd de duidelijke intentie om al die kennis later voor iets nuttigs in te zetten (naast de goddelijke roeping om nieuwe wereldburgers van een glorieuze, liefdevolle start te voorzien), was werk op dit moment in mijn leven ook een heel belangrijk rustpunt. Iedereen die aan me vroeg hoe ik werk met kinderen combineerde, zat zelf duidelijk niet in het helse kringetje van herhalende handelingen rondom de was, de zooi en alle andere logistieke ellende die twee dreumesen met zich meebrachten. (Gek genoeg is het niet voldoende dat je die ervaring ooit hebt gehád. Hetzelfde krachtige mechanisme dat je op slag de ontregelende ervaring die bevalling heet laat vergeten, werkt ook nog door in de eerste jaren van het leven van je kind. Let er maar eens op: ouders met kinderen boven de vier zijn uit de trance ontwaakt en moeten zich zichtbaar inspannen om zich iets van die tijd te herinneren. Misschien kunnen ze zich er ook echt niks van herinneren, omdat ze vier jaar lang niet geslapen hebben.)

Kijk dan naar de wereld! Er is nog zoveel te doen, te zien, zoveel mensen die je kunt ontmoeten... Mijn verlangen om die wereld te ontdekken – ik had pas zo'n klein stukje gezien – was nog zo groot... En mijn nieuwsgierigheid betrof niet alleen de wereld, maar ook mijn eigen plek in die wereld, voor de eerste keer in mijn leven had ik het gevoel dat ik precies aan het doen was wat ik zou moeten doen. Niet wetende waar de 1%Club heen zou gaan en of die daadwerkelijk het verschil zou maken dat we voor ogen hadden: we waren iets aan het creëren, aan het scheppen, met alle onzekerheden van dien. Het enige wat ik wist was dat het leven zo geleefd diende te worden. Scheppend, falend, creërend, maar bovenal: levend. Een heel krachtig gevoel is het, een gevoel van richting, dat het leven een stuk makkelijker maakt. Het verleent een bepaalde lichtheid aan het bestaan waardoor de dagelijkse uitdagingen hun zwaarte verliezen.

De zachte lichaampjes vlijden zich weer tegen me aan, tuimelden over elkaar heen.

Aan de andere kant: al die tijd, al het licht, al het creëren en al het scheppen, was dat niet slechts een onderbreking van de tijd dat ik bij hen was, bij mijn jongetjes? Was het werkelijk zo erg, dit leven-op-de-bank?

## 6

Er is niks ergers dan een leven-op-de-bank.

Natuurlijk kwam de extreme urgentie om te leven, ver weg van mijn bank, deels door mijn eigen moeder. In de eerste plaats omdat haar hele leven één grote belichaming was van urgentie: opgegroeid in communistisch Polen legde ze zich niet zomaar neer bij het lot dat haar toebedeeld was. Na smokkelpraktijken tussen Polen en Hongarije, waarbij ze pendelde met schaarse goederen zoals tandpasta en chocola, en verschillende andere zakelijke ondernemingen, zorgvuldig voor het communistisch oog verborgen, week ze uiteindelijk met mijn broer en mij uit naar Nederland. Een en ander ging niet zonder slag of stoot en de ondernemende wervelwind die ze was kwam opeens tot stilstand.

Depressie, een extreme neerslachtigheid, die later naadloos in een psychose overging, met als grandioos sluitstuk kanker. Haar aanwezigheid in huis was verpletterend: dagenlang zat ze roerloos op de bank, de lucht om zich heen in verstikkende stroop transformerend.

Ook was mijn moeder extreem aanwezig bij alle gebeurtenissen waarbij ze niet was, maar wel had moeten zijn. Optredens, tandartsbezoeken, open dagen van de middelbare school en later de universiteit.

Vaak lag ze ook tot twee uur in bed, de rest van de dag moest over elke beweging worden nagedacht.

Was ze ooit lief geweest? Ze vertelde altijd dat toen wij een baby waren, mijn broer en ik, ze niet kon stoppen ons te zoenen.

'Overal?' vroeg ik geschokt als kind van zeven, acht. 'Ook op de billen?' 'Overal,' zei ze dan. 'Vooral op de billetjes, o, die heerlijke, zachte babybilletjes.' 'Jullie waren alles voor je moeder, je broer en jij. Urenlang lag ze met je op de vloer en las je voor,' hoorde ik van een oom.

Het waren verhalen. Geen herinneringen.

Een stukje van haar ziel, ook haar duistere ziel, draag ik met me mee. Het is niet iets waar ik naar wil handelen of leven, maar het is er. Deels in mijn vlees en bloed, deels in mijn longen, die de zwaarte en treurigheid die ik ingeademd heb, hebben opgeslagen. Deze dagen, weken na de diagnose zit ik dichter bij de donkere afgrond dat ooit. Het gebrek aan bewegingsvrijheid dat me boven mijn hoofd hangt, maakt me vatbaar voor een depressie: dat hoef ik niet te lezen, dat weet ik. Ik heb het steeds gevoeld, maar tot nu toe kon ik er altijd van weglopen, zonder het onder ogen te zien, het ravijn kon ik negeren.

'Je moet het nemen zoals het komt,' zegt mijn schoonmoeder op de dag dat we het nieuws horen. Mijn hart krimpt ineen. Het is niet mijn leven dat voor mijn ogen voorbijflitst, maar juist mijn toekomst.

Het was een voorland dat ik reeds bezocht had.

Eigenlijk waren tot deze dag de hoofdvragen voor mij geweest: wat voor een mens en, meer specifiek, wat voor een moeder, zou ík worden? De vele uren die ik deze dagen op de bank slijt, de lege tekenfilms, de uren die verglijden, dit alles reduceert de levensvragen tot één enkele: wat voor een zieke zou ik worden?

'Ik werk gewoon nog vier uur per dag,' deelt een besnorde meneer me opgewekt mee op de volgende pagina van de MS-folder. De boodschap van deze folders was duidelijk. Voortbestaan met MS was blijkbaar mogelijk.

Maar ik wilde leven.

# II

# DE MAN EN HET IJS

## I

Met een hele Stadsschouwburg vol kijken we naar de man op het podium.

'De natuur is genadeloos maar ook rechtvaardig.' Hij spreekt ons toe in het Engels, wat hem enige moeite kost. Baard, haar alsof hij net gezwommen heeft, eind veertig misschien. Hij staat op blote voeten, een korte broek als enig kledingstuk. Ruim drie jaren zijn verstreken sinds de memorabele dag van mijn diagnose. Een tijd waarin A. en ik ons verdiept hebben in alles wat er maar te vinden is over MS. Alleen om erachter te komen dat het vooralsnog volstrekt onduidelijk is wat een lichaam ertoe aanzet om structureel het eigen eiwit af te breken en dat de bestaande medicatie weinig tot geen effect heeft op het verloop van de ziekte.

Het is ook een tijd geweest waarin ik vooral ben doorgegaan met alles wat ik al deed. Het vliegtuig naar Nairobi, dat ten tijde van de diagnose reeds geboekt was, heb ik gewoon genomen en de 1%Club heeft een stormachtige groei doorgemaakt. Ons prille clubje werd versterkt door capabele mensen die goed in hun vak zijn en vooral in de eerste jaren gelukkig werden gedreven door een intrinsieke motivatie en niet gingen voor de schamele beloning.

Dat deed niets af aan het feit dat de MS-schim er altijd was, al hield hij zich op de achtergrond; hij was een metgezel waar ik weinig zicht op had, maar waarvan ik bij vlagen behoorlijk zenuwachtig kon raken.

'Het is de natuur die mij heeft geleerd om mijn cardiovasculair, mijn immuun- en mijn zenuwsysteem alsook mijn geest onder controle te krijgen. Verder onder controle te krijgen dan ik ooit voor mogelijk had gehouden! Ik heb dit allemaal geleerd door mezelf bloot te stellen aan de extremen, aan de harde natuur. We moeten als mensheid nog veel leren van de natuur, we zijn met z'n allen uit balans.'

De zaal is volledig in de ban van Wim Hof, alias de Iceman. Met het noemen van het immuunsysteem heeft hij ook mijn aandacht volledig te pakken. Verwachtingsvol luister ik naar de man op het podium. Tegelijkertijd verkramp ik. Het is de angst, de herinnering, het sluimerende gevoel dat ik de afgelopen jaren met me meedraag dat aangewakkerd wordt en in volle hevigheid opkomt.

'We kunnen controle over onze fysiologie krijgen! We kunnen controle over ons immuunsysteem krijgen!'

Er is duidelijk veel wat Wim Hof wil vertellen, maar zijn verhaal wordt onderbroken en hij wordt naar een bak met ijs gedirigeerd. Jammer, ik wil liever horen wat hij nog meer te zeggen heeft. De rolverdeling is echter duidelijk: Wim Hof moet zich met het ijs bezighouden, het intellectuele gedeelte is voor de vrouwelijke wetenschapper die het podium op komt en commentaar geeft bij de onzichtbare processen die zich in het lichaam van Wim Hof afspelen en hem onder extreme omstandigheden in leven houden.

Aan de hand van metingen, grafieken en cijfers toont ze aan hoe Wim Hof zijn kerntemperatuur op peil houdt en dat zijn stofwisseling daarbij drastisch omhoogschiet. Ondertussen worden in de plastic bak waarin Wim is gaan staan zakken vol ijsklonten geleegd. De wetenschapper probeert zich niet al te veel te laten afleiden van haar verhaal door het gekletter van de tientallen kilo's ijsblokjes.

Terwijl ik luister naar de wetenschappelijke uitleg over het effect van zijn methode op zijn eigen lichaam, voel ik de gedachte in me opkomen: waarom niet? Waarom zouden we niet in staat zijn om ons eigen systeem te beïnvloeden? 'We kunnen controle over onze fysiologie krijgen! We kunnen controle over ons immuunsysteem krijgen!' Het omgekeerde is immers waar: mijn eiwitten worden afgebroken door mijn eigen lichaam en waarschijnlijk is daar juist datzelfde immuunsysteem voor verantwoordelijk. Als er een manier is om dat systeem onder controle te krijgen dan wel in goede banen te leiden, dan is dat toch zeker de moeite van het onderzoeken waard? In een bak met ijs zitten en jezelf 'naar het centrum' dwingen. Alleen vanuit het centrum kun je controle uitoefenen. Geen enkel idee heb ik hoe je zoiets aan moet pakken, maar mijn nieuwsgierigheid is gewekt.

## 2

Nog meer dan dat het me hoop op verbetering gaf, hoop op een leven waarin weer ruimte was voor onbezorgdheid, sprak het me aan dat er een andere weg was, een eigen pad. In een speelveld waar je op duizenden dingen geen invloed hebt – op de artsen niet, op de snelheid en effectiviteit van het onderzoek niet, ook het DNA dat je is toebedeeld niet – is er blijkbaar één factor waar je wel iets over te zeggen hebt: je geest.

Het is je geest die je lichaam dwingt in het ijs te zitten, niet weg te lopen, het te ondergaan, die je lichaam in staat stelt zijn werk te doen. En mijn eigen lichaam zijn werk te laten doen was nog best een dingetje in mijn leven.

Het eerste jaar na de diagnose was, ondanks het feit dat ik fysiek eigenlijk op de oude voet kon doorgaan, mentaal evengoed een beproeving geweest. Niet door de aangekondigde aftakeling, die zo goed als wegbleef, maar door de onzekerheid. Geen idee wat we konden verwachten en wanneer.

Wat werd er van mij als 'zieke' verwacht? Wat verwachtte ik van mezelf? Was er een protocol voor 'gediagnosticeerden'? Konden we gewoon doorgaan of... Het alternatief heb ik eigenlijk nooit opgezocht.

Zo 'gewoon' gingen we door dat we nog in het jaar na de diagnose voor een derde kindje zijn gegaan, met als resultaat een prachtig baby'tje, een meisje deze keer. De ziekte was buitenshuis al snel geen onderwerp van gesprek meer; de blozende baby bleek het beste bewijs dat het leven zich verder ontrolde, zoals gepland, dat een futiliteit als MS hier geen verandering in bracht. De ergste schrik was voorbij.

Wat bleef, was de paniek. Een onzichtbare gast, meestal. Met elk glas dat ik omstootte, een vermoeidheid die midden op de dag opkwam, elke keer dat ik een gezicht vergat, toonde ze zich weer in haar luidruchtige aanwezigheid. Was dit het? Was het begonnen? Was de onhandigheid een voorbode van aftakeling, vergeetachtigheid en sluipende dementie?

Het verlangen om de ongrijpbare vijand te verslaan of er grip op te krijgen was er niet minder op geworden en leidde tot de meest ingenieuze en radicale pogingen om de voorbodes op afstand te houden.

## 3

De boodschap van Wim Hof, plus alles wat ik sindsdien over hem op internet heb opgezocht, zingt nog na in mijn hoofd als ik een paar dagen later in mijn keuken sta; voor me op het aanrecht een bak met rauwe spinazie. Het is de bedoeling om die in de blender fijn te maken en te vermengen met twee rauwe eieren.

Deze richtlijnen ontleende ik aan het boek Best Bet

Diet, een dieet dat een remedie beweert te zijn tegen allerlei ziektes. Het is een combinatie van verschillende andere eetrichtlijnen: het vetarme Dr. Swankdieet, het glutenvrije dieet, het suikervrije dieet.

Dit dieet elimineerde simpelweg alles wat slecht voor je zou kunnen zijn en beperkte zich voornamelijk tot fruit en groenten. Fruit uiteraard alleen maar als je er zeker van was Candidavrij te zijn, een schimmel die we volgens deze bronnen allemaal in onze darmen hebben en die op suiker leeft. Ook niet alle groenten waren 'veilig': het omhulsel van bijvoorbeeld bonen bleek giftig. Ook waren de nachtschadeplanten strikt verboden, onder andere tomaten, aardappelen en aubergine.

Inderdaad, erg veel bleef er niet over. Naast dit beetje groente en fruit was een kleine hoeveelheid vis en vlees toegestaan; het liefst allemaal rauw. Eieren mochten wel of niet, daar waren de meningen over verdeeld. En dan bedoel ik ook echt verdeeld; de voor- en tegenstanders vlogen elkaar op verschillende fora in de haren met een heftigheid waarbij menig wereldconflict verbleekte. Als je ze wel at, dan ook het liefst rauw.

De Bazaar mag dan wel verdeeld zijn over welke voeding al dan niet goed voor je is, over één ding lijkt iedereen het wel eens te zijn: voeding is een heel belangrijk aspect om MS te overwinnen. Of om het even welke ziekte, kanker, ADHD, depressie, noem het maar op. Voeding, beweging (liefst iets Chinees, oosters of op zijn minst yoga) en bovenal positivisme vormden de gemene deler om het genezende potentieel van je lichaam te ontsluiten.

De aanvankelijk frisse groene berg spinazieblaadjes in mijn blender wordt na de toevoeging van de rauwe eieren in een rap tempo tot een bruinige, slijmerige brij. Ik moet denken aan een cartoon: 'Ik eet pas twee weken glutenvrij en ben nu al irritant!' zegt het meisje op de tekening opgewekt tegen haar vriendin. Vertwijfeld kijk ik in de kan.

Het komt me voor dat het mooiste van gezond zijn het feit is dat je je níét met je gezondheid bezig hoeft te houden. Sinds de onfortuinlijke dag van de diagnose lijkt mijn brein zich echter ontpopt te hebben tot een computer met maar één doel: het algoritme vinden dat de ongrijpbare aandoening zou doorgronden en onder controle zou krijgen.

Zoals het er nu naar uitzag waren er twee mogelijkheden:

1 Het medische pad bewandelen. Vertrouwen op de medicatie zoals voorgeschreven door de best mogelijke specialisten van dit moment.

Waarom ik hier niet voor kies:

a Het feit dat deze medicatie 'mogelijk het aantal aanvallen terugdringt, maar geen invloed op het verloop van de ziekte heeft'.
b De imposante lijst van bijwerkingen. Veel patiënten klagen in ieder geval over de 'griepachtige verschijnselen' waarmee het gebruik van deze medicatie vaak gepaard gaat. Deze vrij onschuldig klinkende griepachtige verschijnselen betekenden voor een grote groep patiënten de helft van de week in bed liggen.
c Het psychologisch effect van het gegeven dat je *patiënt* wordt. Dat wordt versterkt door het inspuiten van het medicijn, zoveel wist ik zeker. Dat inspuiten diende, afhankelijk van het medicijn, om de dag dan wel eenmaal per week te gebeuren.
d Het 'ik-ben-patiëntsyndroom' was bij mij bijzonder groot. Slechts drie keer ben ik in het ziekenhuis geweest, alle keren kon ik de dagen ervoor en erna nauwelijks van de bank komen. Het had een verlammend effect op me. Het besef dat het om een psychosomati-

sche reactie ging deed er niks aan af, op de bank bleef ik.

Wat dan te denken van het effect dat de medicatie op mijn psyche zou hebben? Het spuiten, de ziekenhuisbezoeken, de bijverschijnselen die weer met andere medicatie bestreden moeten worden: het was een vicieuze cirkel, erger nog, een neerwaartse spiraal. De ervaringen die ik in de eerste maanden in het ziekenhuis had opgedaan, waren voorlopig genoeg: daar kon ik nog maanden, jaren op teren.

Dit bracht me bij mogelijkheid twee:

2 Zelf proefondervindelijk uitzoeken wat mij in de best mogelijke conditie hield. Dit kon ik uitzoeken door:
- Literatuuronderzoek te doen.
  Dit was een bij vlagen hoopvolle bezigheid. Zoveel verhalen, adviezen, uiteenlopende methodes. Altijd was er wel iets te vinden wat nog niet uitgeprobeerd was. 'Een drenkeling zal een scheermes nog vastgrijpen' luidt een bekend Pools gezegde. Wie ten onder gaat is niet kieskeurig jegens wat hij aangereikt krijgt. Die grondhouding maakte het er, zeker in de eerste maanden, niet makkelijker op om greep te krijgen op wat mogelijk zou kunnen zijn en wat niet.
- Mensen op te zoeken die het ondanks hun MS toch erg goed doen. Dit hing samen met mogelijkheid één, maar was er evengoed een uitbreiding van. De mensen bij wie het goed ging, hadden zelden maar één ding gedaan. Allemaal hadden ze echter wel a) hun voeding aangepast (jammer genoeg allemaal op een eigen, afwijkende manier) en b) een andere houding aangenomen, in hun leven ingegrepen of iets anders gedaan waardoor ze anders in het leven waren gaan staan. Ook dit verschilde van persoon tot persoon. Wat wel opviel, was

dat ze vaak helder voor ogen hadden wat hun doel was, wat ze graag wilden bereiken, meemaken of doorgeven. Wat ze allemaal gemeen hadden: een hoge mate van eigenwijsheid.

Wetenschappelijk onderzoek en studies naar het effect van voeding vormen een heel ongemakkelijke combinatie.

In dat opzicht is de wetenschap zoals we die kennen, vooral geïnteresseerd in de effecten van een interventie, zoals het effect van het eten van broccoli op een grote groep mensen, gemeten over een langere tijd. Een dergelijke proef moet ook nog eens onder dezelfde omstandigheden herhaald kunnen worden en afgezet worden tegen een controlegroep: mensen die twintig jaar lang géén broccoli eten. Het is niet moeilijk om te begrijpen hoe complex, duur en tijdrovend het is om een dergelijke studie op te zetten. En dan heb je alleen nog maar het effect van het eten van broccoli onderzocht.

Deze complexiteit is ook de reden dat het zo verschrikkelijk lang heeft geduurd voordat dankzij een wetenschappelijke studie werd aangetoond dat roken slecht voor de gezondheid is. Door de vele stromen aan tegengestelde informatie is het al moeilijk genoeg om te ontwaren wat een gezond eetpatroon zou moeten zijn voor een 'gezond' persoon, laat staan welke gunstige effecten het zou kunnen hebben op het verloop van een ziekte. Dit is ook de reden dat ik uiteindelijk bij *Best Bet Diet* ben aangeland: de schrijvers hiervan hebben simpelweg alle voorschriften bij elkaar genomen en er een zo sober mogelijk, rauw dieet van gemaakt.

De glanzende brij in de blender staart me nog steeds aan.

Ik stond voor twee enorme uitdagingen bij deze doe-hetzelfbenadering. De eerste was heel praktisch: ik miste data, dus informatie waaruit ik kon afleiden welke benadering op het gebied van voedsel *voor mij* werkte. Immers, zou een grootschalige studie naar het effect van het eten van broccoli wel uitgevoerd worden, dan nog zou de uitkomst niet veel zeggen over het effect van het eten van broccoli in mijn unieke geval. Hetzelfde gold voor de groenige prak die voor me op het aanrecht stond. Als ik maar ergens uit kon concluderen dat dit echt goed voor me was, zou ik het wellicht kunnen, leven op deze brij.

Het moest toch na te gaan zijn? Een bloedwaarde die de ontsteking aangaf bijvoorbeeld? Het was niet ondenkbaar dat die waarde zou correleren met voeding en andere aspecten in mijn levensstijl (het aantal uren dat ik slaap bijvoorbeeld). Een dergelijk verband is wetenschappelijk gezien waardeloos, het geeft immers geen oorzaak-gevolg aan, maar als ik voor mezelf zou vaststellen dat ik me telkens na het eten van suiker waardeloos voel, wat weer correleert met de eerdergenoemde bloedwaarde, terwijl ik na het drinken van het spinazie-eimengsel uitstekende bloedwaardes heb, hebben de data wel degelijk nut voor mijzelf.

Als grote groepen mensen dergelijke gegevens bijhouden, zullen die iets zeggen over de populatie.

Mogelijk zul je uiteindelijk, met genoeg gegevens en afgezet tegen andere informatie, ook zelfs iets over oorzaak en gevolg kunnen zeggen. Dat is tenslotte een van de kenmerken van deze tijd: het verzamelen van informatie is ongekend goedkoop geworden en de prijs daalt nog steeds. Voor een slordige honderd euro kon ik mezelf van top tot teen uitrusten met sensoren. In deze nieuwe werkelijkheid weet mijn iPhone meer van mij dan mijn arts, die me zware medicatie voorschrijft. Wat wist mijn arts van mij? Mijn leeftijd, mijn geslacht, de vrijwel afwezige medische voorgeschiedenis, mijn bloedgroep. Een momentopname van de binnenkant van mijn hoofd.

Wat wisten ze van mijn bloedsuikerspiegel, bloeddruk, aanwezigheid van bloedlichamen die op een ontsteking duiden, stressniveau, eetpatroon, blootstelling aan zonlicht (een erkende factor bij het ontstaan van MS), algemene conditie? Wat te zeggen van de voortgang van de ziekte bij verschillende MS-patiënten. Alle MS-patiënten die ik persoonlijk kende, die ik had opgezocht omdat het juist goed met hen ging, juist zij waren al jaren niet in een ziekenhuis geweest.

De informatie die de medische stand van de proefpersonen of de patiënten verzamelde om te bepalen welke van de medicijnen werkte (of in ieder geval MS remde) stak maar miezerig af bij de scala aan informatie die een individu zelf over zichzelf kon verzamelen, laat staan alle data bij elkaar gevoegd.

Wat zou er gebeuren als de poorten van de Kathedraal opengingen voor een samenwerking met leken die graag gegevens en tijd willen aanbieden. Er zijn er genoeg die mee willen werken aan een beter lot.

## 4

Mijn tweede uitdaging als het aankwam op een heel gedisciplineerd leven met als doel een gunstig verloop van mijn MS (en een gezond en fit leven in het algemeen) lag dichter bij huis.

Dat onze levensstijl voor onze gezondheid belangrijk is, is al geruime tijd een bekend gegeven. Voldoende fruit en groente eten, voldoende bewegen, weinig alcohol drinken en niet roken hebben verreweg de meeste invloed op ons welbevinden, nog veel meer dan ons DNA. Leven vanuit algehele matiging, zeg maar. En die algehele matiging, daar ben ik nooit zo goed in geweest. Gulzigheid was meer mijn ding.

Alles zien, alles meemaken, alles ervaren, alles voelen. Zoals de ervaring leert is het leven immers kort en voor je het weet is het voorbij. Matiging stond voor mij gelijk aan middelmaat, aan angst en verwarring verkleed als rede.

Matiging is geen keuze maken. Je doet iets, maar je doet het niet.

Matiging is zonder mening zijn, je verontschuldigen, op het hek blijven zitten, vanaf de zijlijn commentaar leveren. Matiging is een alcoholvrij biertje, cafeïnevrije koffie, nog voor het einde een feestje verlaten. Mijn persoonlijke mening, uiteraard. Misschien meer dan een mening. In de tijd na D-Day ben ik gaan hardlopen: op mijn hoogtepunt heb ik zelfs een halve marathon gerend. Bij wijze van training is een aardige atletische collega samen met mij van Amsterdam naar Haarlem gerend. Het was een mooie training. Werkelijk, ik ging als een speer! Totdat we op een smaller pad terechtkwamen en het me opviel dat hij helemaal niet rende. Hij dribbelde. In een voor hem tergend langzaam tempo, hoogstwaarschijnlijk dubbel zo vermoeiend als zijn normale pas.

Waarmee ik maar wil zeggen dat je in het leven toch naar oplossingen moet zoeken die redelijk dicht in de buurt van je temperament dan wel diepste overtuigingen zitten: als je je hele systeem overhoop moet gooien is de kans groot dat het een dagtaak wordt. Een taak die al je energie en aandacht opeist en weinig ruimte overlaat om te leven.

Als ik de internethandleidingen moest geloven, vereiste het beheersen van MS een discipline die beduidend verder reikte dan matiging: het had meer weg van topsport. Er zijn mensen die om zes uur hun bed uit stappen, een handvol zaden nuttigen, ze wegspoelen met een glaasje tarwegrassap en zich voor de rest voeden met diepe ademteugen frisse lucht en de energie die wordt uitgestraald door al wat leeft (en ik heb een goed onderbouwde vrees dat deze levensstijl daadwerkelijk aanwijsbare voordelen voor de gezondheid heeft). De kans dat het me zou lukken om een van hen te worden was, gezien mijn leefpatroon en voorkeuren tot dan toe, niet bijster groot.

Nog steeds zit de spinazie-met-rauwe-eierenbrij in de blender: ik kan me er simpelweg niet toe zetten om het in een glas te gieten. Laat staan in mijn mond. Weken heb ik overwegend op rauw voedsel geleefd en ik voel me inderdaad gezond en puur en schoon.

Weken waarin alles in het teken van de eerstvolgende rauw geperste maaltijd heeft gestaan, een haast onmogelijke opgave met een baan die me naar alle hoeken van het land, en soms van de wereld, brengt.

Het vervelendste was natuurlijk dat de rest van de wereld absoluut niet meedeed aan dit regime en zich te goed bleef doen aan buitensporige traktaties als broodjes kaas en koffie.

Totaal onwetend leken ze hiermee hun eigen doodvonnis te tekenen, als je de literatuur die ik in die dagen tot me nam mocht geloven.

Het is een eenzaam pad, dat niet langs de plekken leidt waar mijn vrienden zich graag begeven (plekken met gezelligheid, lekker eten, wijn en sluitingstijden ver na middernacht).

Fitter word je er wel van. Opdat je fris en fruitig elke dag om negen uur naar bed kunt.

Had ik echter gelachen? Nee. Geluk gevoeld? Nee. Waar was de onbezonnenheid? Het onverwachte?

Niks van dat al in de wereld van rust, reinheid en regelmaat.

Was er niet toevallig een derde mogelijkheid? Waar ik stiekem naar snakte en openlijk heel goed in was:

Schijt aan alles hebben en het maximale uit het leven halen.

Op grond van het weinige wat ik van Wim gezien had, leek hij me prima te passen bij punt drie. Mijn hart maakte bijna een sprongetje bij deze boude gedachte, hier te midden van de stapel boeken die, met de belofte van een langer en beter leven, tegelijkertijd al het leven uit mijn leven trokken.

In een opwelling haal ik de kan van de blender en loop naar het toilet: een seconde later ligt de brij in de wc-pot.

Geen honderd procent extreem gezond leven dus. Geen reguliere medicatie ook. Tenminste, totdat ik ergens uit kan afleiden dat de medicatie of de spinazie met rauwe eieren daadwerkelijk invloed op mijn gezondheid heeft. Meteen echter komt weer de twijfel.

De groene brij in de wc staart me verwijtend aan. Is het niet mijn plicht, als moeder, als vrouw ook, tegenover iedereen aan wie ik een van die vele beloftes heb gedaan, al dan niet op schrift (morgen op te komen dagen, over een jaar of twee bij het afzwemmen van mijn kinderen te zijn, mee te denken, mee te werken, mee te doen, er te zijn)? Ben ik hun allen niet verschuldigd mijn leven, althans wat ik als leven beschouw, om te gooien? Is het wel zo erg om negen uur in je bed te liggen, is het wel zo erg vier productieve uren per dag te hebben, is het wel zo erg te leven op een dieet van spinazie en rauwe eieren?

Is dat gevoel van *schijt aan alles, ik volg mijn eigen pad*, niet slechts een uiting van onvolwassenheid, egoïsme misschien, gebrek aan wilskracht? Is er een werkritme te vinden dat iets dichter bij mijn eigen ritme ligt? Alsmaar vertragen of versnellen (maar vooral vertragen als je het mij vraagt) is dodelijk vermoeiend. Een beetje, oké, graag loop ik samen met anderen op, maar een leven lang niet mijn eigen pas lopen, van mijn eigen pad af, dat lijkt me pas ongezond.

Als je leeft vanuit je diepste ik, zaken nastreeft die je dierbaar zijn, lig je dan om negen uur in bed?

Verward laat ik mijn voorhoofd tegen de koele tegels van de badkamer rusten. Deze hele nieuwe strijd om niet te sterven of niet voortijdig (voor mijn veertigste? vijftigste?) mentaal en fysiek af te takelen, ontneemt me het zicht op de echte vraag. Hoe te leven?

Ik pak de telefoon en bel Wim.

# III

# HET PAD OMHOOG

## I

De vertrekhal van vliegveld Eindhoven is druk en rommelig. Het wachten is op het vliegtuig dat ons naar het winterse oord van Wim Hof brengt, zijn huis in het Poolse Beskiden-gebergte. Zijn verhaal heeft veel losgemaakt bij mij. Mijn nieuwsgierigheid naar wat er allemaal kon ontwaakte krachtig en het ging hierbij niet eens om het terugkrijgen van wat me ontnomen was – de zorgeloosheid, de vanzelfsprekendheid waarmee ik over mijn toekomst dacht – maar om het ontdekken van een heel nieuw pad, ontdekken van wat er binnen in me was, een kracht die ik nooit had ervaren maar waarvan ik ineens zeker wist dat die er was. Dat die ook echt ín mij was. In mij, in jou, in ons: de natuur doet niet aan individualisme. De natuur, wat wisten we er nog van, anders dan een wandeling op zondag door een keurig beheerd bos, zo proper dat we zeker wisten dat we niet uitgedaagd werden, noch door de vrieskou, noch door honger, noch doordat we verdwaalden.

Een jaar was verstreken sinds ik Wim op het podium had gezien. Kort erop was ik hem gaan opzoeken.

Eigenlijk was de Iceman al die tijd al heel dicht in mijn omgeving geweest: mijn twee zwagers waren al geruime tijd fan van Wim en organiseerden kortgeleden een workshop met hem waar ook A. en bijna mijn hele schoonfamilie aan deelgenomen hadden. Het besluit om me nog verder in zijn technieken te verdiepen door naar zijn centrum af te reizen, had voor A. en mij dan ook vrij natuurlijk aangevoeld.

Het toeval wil dat Wim Hof Polen, mijn land van herkomst, heeft uitgekozen om er zijn centrum te vestigen. Met een groepje onbekenden zullen we een weekend lang een training bij de Iceman volgen. Wij zijn een van eerste lichtingen, hij heeft het huis maar net gekocht.

Nieuwsgierig kijk ik de vertrekhal rond om te ontdekken wie er nog meer meegaan. Verderop zie ik een groep uitgelaten studenten, opgeschoten knullen die te hard met elkaar praten. Ik hoop vurig dat zij er niet bij zitten. Opeens merk ik hoe zenuwachtig ik eigenlijk ben. Mediteren, ademhalen, focussen, dat vind ik allemaal prima. De kou echter, daar heb ik helemaal niks mee. Junior en mijn andere zwager waren net uit hetzelfde oord teruggekeerd en dankzij hun filmbeelden weet ik vrij precies wat ons tijdens dit weekend te wachten staat. Liggen in de sneeuw, blootsvoets staan in de sneeuw, zwemmen in een ijskoud meer, met als afsluiting het beklimmen van de Snieżka, de hoogste berg in die regio, uiteraard in een korte broek. Dat alles wil ik liever niet doen in het gezelschap van jolige studenten. Gespannen luister ik naar het luide gebral, waarin gelukkig geen enkele verwijzing naar de Iceman valt te bespeuren.

Langzaam ontspan ik een beetje en ik doorzoek de hal verder. Helemaal vooraan in de rij staat een man van middelbare leeftijd, met een videocamera in zijn hand. Hij filmt een stukje van de hal, het vliegtuig dat we door de glazen wanden zien, maar vooral zichzelf. Duidelijk iemand die iets gaat ondernemen wat het documenteren waard is.

Voor het vliegveld in Wroclaw wachten Wim Hof en zijn zoon ons op. Hoewel de stad bedekt is met een dikke laag sneeuw, is Wim slechts gekleed in een lange trainingsbroek en een half dichtgeknoopte houthakkersbloes.

'Had jij nou nog getankt?' vraagt Wim midden in zijn introductie aan zijn zoon. 'Jij toch?' geint deze en hij loopt richting de tweede auto. Zelfs met mijn halsstarrige gebrek aan interesse voor auto's merk ik op dat het busje geen winterbanden heeft. Ons groepje bestaat uit een man of acht. Twee vrij jonge meiden die yogalerares blijken te zijn, plus een van hun leerlingen, een vrij forse man die er een beetje verloren bij staat. Een getrouwd stel dat tornado's najagen als hobby heeft. En de man met de camera die ik voor aanvang van de vliegreis heb gespot. Hij is journalist. Een paar maanden eerder kreeg hij zijn diagnose: prostaatkanker, uitgezaaid. Voor dit type kanker bestaat eigenlijk slechts één middel dat het onvermijdelijke kan uitstellen: het toedienen van hormonen die de productie van testosteron stoppen. Testosteron is het hormoon waar dit type tumor op groeit. De hormoonmedicatie betekent in feite chemische castratie.

'En jij?'

'Eh, ik... Ik heb MS.' Even ben ik van mijn à propos door de directheid van de Journalist. Ik ben het niet gewend om over MS te praten en eerlijk gezegd voelt MS ook niet als de reden waarom ik hier ben. Het is een vrijbrief wellicht om me aan dit soort gekkigheid over te geven, maar een hoofdreden is het niet.

'Wat gaan we dit weekend doen, Wim?' We zijn inmiddels ingestapt in het busje.

Wim zit achter het stuur, de camera van de Journalist staat alweer aan.

'We gaan ontwaken! We zijn uitgerust met mechanismen om extremen aan te kunnen: die gaan we allemaal wakker maken! Het is geen training. Jullie gaan ontdekken wat er al die tijd al in jullie was.'

'Hoe kom jij bij Wim terecht?' vraag ik op mijn beurt aan de Journalist als Wim een van de zeldzame stiltes laat vallen.

'Vanaf de dag dat ik mijn diagnose hoorde ben ik gaan filmen. De onderzoeken, de artsen die me vertelden dat ze niks anders voor me konden doen dan de hormoonspuit. Toen ben ik op zoek gegaan naar mensen die tegen alle verwachtingen in genezen zijn, een zogenaamde "spontane regressie" hadden meegemaakt. Bij nader onderzoek bleek dat dit soort verbeteringen zelden "spontaan" optraden. Deze mensen deden van alles, ze veranderden hun eetpatroon, ze bezochten een reukgenezer. En Wim Hof dus.'

Ah. Een zoeker. Nog een persoon dus die de Kathedraal laat voor wat die is en de Bazaar heeft betreden.

En als je de Bazaar eenmaal betreedt, kom je vanzelf bij Wim uit.

## 2

De metafoor van de Kathedraal en de Bazaar ben ik via mijn werk tegengekomen. Kathedraal stond hierin voor grootschalige (software)projecten die in het diepste geheim achter gesloten deuren werden ontwikkeld en Bazaar voor een manier van werken waarin alles in openheid ontwikkeld werd en iedereen zich ermee mocht bemoeien. De metafoor is bedacht door Eric Raymond, die hierin een parallel zag met hoe we de wereld inrichten.

Raymond toont ermee aan dat we lang gedacht hebben dat wanneer we als mensheid grootse dingen wilden bereiken, we heel sterk de conceptuele integriteit moesten bewaken. Of anders gezegd: dat we het denkwerk uitsluitend aan een select groepje bollebozen over moesten laten. Grote projecten, zoals de bouw van een kathedraal als de Notre-Dame in Reims, staan of vallen immers bij de gratie van het ontwerp van één persoon, of hoogstens van een select groepje verwante geesten dat het project van het fundament uitwerkt. Elke laag luistert naar de aanwijzingen van de mensen erboven; één leider bewaakt het hele project. We kennen nu de kathedraal Notre-Dame van Reims en de architect ervan, maar niet de bouwers, niet degenen die bij de bouw zijn omgekomen, niet de beeldhouwers die de ornamenten uitgehakt hebben.

Deze visie op kennis en de toepassing ervan binnen grote projecten, hele sectoren zelfs, is zo dominant dat de kathedraalaanpak tot diep in onze twintigste eeuw overheerste en zich zelfs nu nog onmiskenbaar laat gelden. Alsof niet allang het merendeel van de volwassen bevolking wél kan lezen, nadenken, redeneren. Alsof we niet allang de technologie hebben om kennis onderling uit te wisselen. En alsof de uitdagingen waar we mee te maken hebben inmiddels niet zo complex zijn geworden dat het de expertise van één enkele bolleboos allang overstijgt.

Het is niet geheel verrassend dat Raymond zich in zijn boek *De Kathedraal en de Bazaar* kritisch uitlaat over het feit dat we complexe projecten op dezelfde wijze benaderen als we vroeger de bouw van een kathedraal benaderden. In zijn werk als softwareontwikkelaar zag hij programmeurs vaak jarenlang zonder overleg met de buitenwereld aan één project werken; de rest van de wereld mocht het resultaat pas zien als het product klaar was. Bij het moment van de 'onthulling' kwam de producent er dan achter dat de software eigenlijk te duur was, vol met fouten zat of dat de klant er überhaupt niet op zat te wachten.

Raymond zag om zich heen echter ook een andere stroming opkomen. Dat was de zogenaamde opensourcebeweging. Deze ontwikkelaars en programmeurs bouwden hun producten in openheid, iedereen mocht meekijken en meebouwen. Het idee erachter was: als er vele ogen meekijken, zijn de fouten er zo uit gehaald. Ook wist je zeker dat je aan iets bouwde waar de wereld daadwerkelijk op zat te wachten. Doordat iedereen er een bijdrage aan kon leveren, ging de ontwikkeling vaak ook vele malen sneller dan binnen de traditionele aanpak.

Deze projecten functioneerden als een Bazaar, met het

bordje IN ONTWIKKELING als het ware uitgestald op een kraampje, zichtbaar voor alle betrokkenen. Geïnteresseerde programmeurs konden de software testen en zelf doorontwikkelen, maar deze ook inzetten voor andere doeleinden. Daarmee was het ook een beweging van mensen die elkaar in het echte leven waarschijnlijk nooit zouden ontmoeten, maar die evengoed gebroederlijk aan complexe producten en diensten bouwden. Voorbeelden hiervan zijn Wordpress, een platform waar inmiddels meer dan tweehonderd miljoen websites op draaien, en Mozilla Firefox, de webbrowser die door bijna een kwart van de internetgebruikers wordt gebruikt. Maar het bekendste voorbeeld is Wikipedia: zowel de software als de inhoud is open source; iedereen mag er gebruik van maken, het verbeteren en aanvullingen aanbrengen.

De ontwikkelingen rondom de opensourcebeweging waren vanaf het begin al een inspiratie voor het platform dat we zelf bij de 1%club aan het ontwikkelen waren. Wikipedia was hierbij natuurlijk de grootste inspiratiebron. De (vaak onbaatzuchtige) samenwerking tussen duizenden, miljoenen mensen die elkaar nooit hadden gezien had iets magisch. En voor mij hield het ook een belofte in. Want als er zoveel mensen bereid waren om samen aan wetenschappelijke artikelen te werken, dan waren er toch ook zeker genoeg mensen bereid om hun tijd en geld te steken in het oplossen van maatschappelijke problemen?

Wat was de wereld anders dan een verzameling van complexe vraagstukken? Vraagstukken die met de dag groeiden, woekerden. Problemen die te groot en te complex waren voor slechts één groepje experts. We hebben alles en iedereen nodig om het hoofd te kunnen bieden aan complexe maatschappelijke vraagstukken.

Inmiddels zelf een paar jaar aan ervaring rijker, vermoed ik dat de echte wereld, waar veel restricties bestaan die de onlinewereld niet kent – geografische ligging, taal en cultuur –, waarschijnlijk nog het meest gebaat is bij een verbinding tussen Kathedralen en Bazaars. Een verbinding tussen de instituten die van oudsher onze kennis en macht herbergen en de 'rest van de wereld', die op vernieuwende manieren met het vinden van oplossingen bezig is of gewoon een handje wil helpen door tijd of middelen beschikbaar te stellen aan de experts.

Bestuurders en machtshebbers bezwijken tegenwoordig onder de uitdagingen die op ze afkomen, onder de niet-aflatende stroom problemen die op de poorten blijven rammen. Ze zijn simpelweg niet bij machte om met hun beperkte mankracht en middelen alle uitdagingen het hoofd te bieden: voor elke ziekte een geneesmiddel vinden, iedereen van schoon drinkwater en sanitair voorzien, voedsel voor alle hongerigen beschikbaar stellen. Dergelijke vraagstukken vergen oneindig meer mankracht, middelen en creativiteit dan de grootste Kathedraal kan bieden.

Misschien bezwijkt een Kathedrale instelling ook deels onder haar eigen systeem. Een systeem waar vaak weinig ruimte is voor de inbreng van de 'eigen' experts, die steeds meer tijd kwijt zijn aan (administratieve) taken gericht op het onderhoud van de eigen organisatie in plaats van aan de essentie. Laat staan dat er gebruik wordt gemaakt van de 'rest van de wereld'.

Deels ligt de beperking ook in onze eigen houding: de Bazaar blijft in de ogen van de experts, de 'priesters', een verzameling van ignoranten en zelfbenoemde betweters, die de experts alleen maar zouden afleiden van het echte werk. Degenen die buiten stonden als een pool van mankracht, informatie en ook bruikbare kennis te gaan zien, gebeurt nog maar mondjesmaat. De muur die de Bazaar moet slechten blijft doorgaans hoog en de poorten van de Kathedraal blijven potdicht.

En toch. Het was Wim Hof wel gelukt om een brug te slaan tussen deze twee ogenschijnlijk onverenigbare werelden; verschillende onderzoeken naar zijn methode waren reeds in gang gezet. Het vrijwillig beïnvloeden van het autonome zenuwstelsel, wat Wim met zijn records bewees, is altijd onmogelijk geacht binnen de wetenschappelijke wereld. Zoals de naam al aangeeft, is dit deel van het zenuwstelsel 'autonoom', zelfbesturend. Wim leek daar wel invloed op te kunnen uitoefenen. Sterker nog, hij leek het ook andere mensen te kunnen aanleren. Een onderzoek hiernaar werd op hetzelfde moment voorbereid bij de Radboud Universiteit in Nijmegen. De proeven met de testpersonen zouden aansluitend aan ons verblijf in Polen plaatsvinden.

Ik vond het op zich al troostrijk en hoopgevend dat tijdens ons verblijf daar een wetenschappelijk onderzoek werd gedaan naar het 'onmogelijke'.

## 3

Het centrum van de Iceman blijkt een ruim huis te zijn met het Beskiden-gebergte als achtertuin. Na aankomst mogen we eigenlijk alleen onze tas neerleggen en worden we meteen aan het werk gezet. Schoenen uit, broek uit, sokken uit. Even later staan we tot onze enkels blootsvoets in de sneeuw.

'Huh ha, huh ha!' scandeert Wim, en we doen allemaal mee. Hij maakt er een paar tai chi-bewegingen bij, iets oosters in ieder geval: we doen hem gewoon maar na. 'Kuuuumbaaaaayaa, maaaaaay looooooord!' Hij zet een lied in en een van de Yogameisjes neemt het lied over en zet vervolgens een ander liedje in. Ik hou mijn mond, want mijn inspiratie komt op dit moment niet verder dan 'Ice, Ice baby'. 'Nu moet je je concentreren, dat gek doen brengt je maar zo ver!' waarschuwt Wim ons en we nemen de paardrijstand aan, een stand waarvan ik later uitvind dat het een van de basishoudingen van kungfu is. Voeten uit elkaar, stevig in de sneeuw geplant, onze kont zo laag mogelijk tussen onze knieën zodat onze dijbenen een rechte lijn vormen. Als je deze oefening thuis doet, voor de televisie bijvoorbeeld, krijg je al na een paar minuten last van een zeurend gevoel in je dijbenen. Hier in de sneeuw valt dat ongemak echter moeiteloos weg tegen de schreeuwende, brandende pijn in mijn voeten. Ik verleg mijn aandacht, haal dertig keer diep adem en duw dan de lucht als het ware terug in mijn borstkas: het veroorzaakt een warme sensatie rond mijn middenrif.

'Nog tien minuten!' roept Wim opgewekt, maar ik hoor hem bijna niet meer. Mijn voeten bevriezen, het voelt in ieder geval alsof ze bevriezen. Zo goed en zo kwaad als het gaat probeer ik de warmte die ik gestaag opwek naar mijn voeten te sturen. De aderen in mijn voeten zijn vernauwd, de sneeuw onder mijn voetzolen is veranderd in een ijsklomp. Het lukt me om met mijn ademhaling warmte op te wekken, maar vooralsnog blijft de warmte in mijn romp steken.

'Laat je lichaam het werk doen! We lopen altijd op schoenen, altijd dik gekleed, altijd binnen! Maar je lichaam weet hoe hiermee om te gaan, er zijn mechanismen, hele reeksen van mechanismen, je lichaam is het niet vergeten! De natuur is onbarmhartig maar rechtvaardig. Zij is de grootste leermeester die er is!'

Wim haalt zelf ook diep adem, de kou lijkt hem niet te deren. De diepe ademhaling is zijn tweede natuur. Hij is er voortdurend mee bezig, achter het stuur, hier in de sneeuw, en ook in zijn slaap. Volgens de zoon van Wim gaat zijn luide en diepe ademhaling zelfs onverminderd door als hij slaapt.

Na een eeuwigheid zijn we eindelijk klaar met deze exercitie en vluchten we met z'n allen de piepkleine sauna in.

Dacht ik eerst buiten in de sneeuw dat mijn voeten pijn deden, door de hitte in de sauna ontploffen ze simpelweg. Een van de vrouwen, de Tornadojaagster, begint te huilen. De anderen zeggen niks en concentreren zich om deze benarde toestand door te komen. Zelf laat ik de pijn simpelweg over me heen komen, ik ga er middenin staan. Uiteindelijk zal die wel wegebben. Alles gaat voorbij. Wim, die er niet meer bij past op een van de kleine bankjes, staat grijnzend voor ons tegen de deur van de sauna geleund.

'Dit is nou ontwaken, jongens! De natuur is genadeloos maar rechtvaardig! Dit krijg je als je je hele leven op schoenen loopt. De harde natuur! De enige lerares die je moet volgen. Vertrouw op je lichaam, het weet wat het moet doen, laat het ontwaken!' Door de schreeuwende pijn weet ik even niet meer hoe ik hier terecht ben gekomen, wat ik hieruit hoop te halen en hoe ik in hemelsnaam de rest van dit weekend moet doorkomen. Maar wakker ben ik zeker.

## 4

We zitten weer in het busje, onderweg naar de Sniežka, de berg die we zo meteen mogen beklimmen. Uiteraard schaars gekleed, de grande finale van deze trip. Ons busje heeft nog steeds geen winterbanden en de sneeuwkettingen zijn niet gevonden of waarschijnlijk niet eens gezocht. De Journalist heeft de camera weer aangezet en probeert met een paar vragen inzicht te krijgen in het fenomeen Iceman. 'Het begon bij mijn geboorte!' zet Wim zijn anekdote in. Met een zacht gezoem registreert de camera zijn woorden en bewegingen.

Sinds de opkomst van de digitale camera wordt er in de wereld van de fotografie onderscheid gemaakt tussen foto's nemen en foto's maken. Als je door een veld loopt en je neemt een foto van een bijzonder mooi akkerviooltje, dan heb je die foto genomen. Ga je daarentegen op een druilerige zaterdagmiddag een foto samenstellen van reeds bestaande beelden, laten we zeggen het hoofd van je baas op het lijf van een uitzonderlijk klein uitgevallen berggorilla, dan heb je deze foto gemaakt. Bij de camera in het busje vraag ik me af of een dergelijk onderscheid ook voor filmmateriaal wordt gemaakt.

Voor verhalen geldt dit onderscheid zeker. Wims geboorteverhaal komt in bijna elk interview met hem terug: zijn moeder werd na de geboorte van haar vijfde kind de ziekenzaal uit gereden, door de koude gangen van het klooster van de Zusters van de Goddelijke voorzienigheid. Daar werd ze door heftige buikpijnen overvallen, die niets minder bleken te zijn dan de voorbode van een tweede kind. Na de bevalling op de koude gang was een teken van leven bij Wim uitgebleven en zijn moeder had hartstochtelijk gebeden voor zijn leven. Ze had beloofd dat ze hem, in ruil voor zijn gezondheid, missionaris zou laten worden.

Terwijl Wim het wonderbaarlijke verhaal van zijn geboorte vertelt, bedenk ik dat vrijwel alle verhalen per definitie gemaakt zijn. We kiezen wát we vertellen en hóé we het vertellen, al dan niet bewust. Wim maakt de keuze voor deze anekdote; het verhaal wordt de waarheid. De camera van de Journalist draait en neemt de niet altijd even coherente vertelling van Wim op. De Journalist zal op zijn beurt in zíjn verhaal, zijn documentaire weer een andere reeks keuzes maken.

‘Zie je? Ik was altijd voorbestemd om missionaris te zijn! Voor een missie!’ vat Wim enthousiast zijn verhaal samen. ‘Dat is dit, een missie.’ Hij knikt om zijn woorden extra gewicht te geven en zoekt ondertussen naar een plek om te parkeren. Wim is helemaal vol van de wetenschappelijke onderzoeken die rondom zijn methode zijn opgezet: aansluitend aan ons verblijf zal een groep van twaalf gezonde jongelingen naar zijn centrum in Polen afreizen om zich de Wim Hof-Methode, afgekort tot WHM, eigen te maken.

De Journalist zet zijn camera uit en maakt aanstalten deze in te pakken. Het verhaal van het ophanden zijnde onderzoek en de quasimedische uiteenzetting van Wim, doorspekt met woorden als 'fysiologie', 'parasympatisch zenuwstelsel' en 'autonoom zenuwstelsel', hebben we al meerdere malen gehoord.

Dit is de laatste dag van ons avontuur en de camera heeft vrijwel voortdurend meegedraaid. Bij de andere keren dat we met blote voeten in de sneeuw moesten staan: een halfuur maar liefst deze ochtend. Bij de keren dat we met ons hele lichaam in de sneeuw gingen liggen. Bij het zwemmen in het halfbevroren bassin waar de bergwaterval op uitkwam, een paar honderd meter van het huis van Wim vandaan.

Van dit alles waren verrassend genoeg de ademhalings-/meditatiesessies in de ochtend, filmtechnisch het minst bruikbare gedeelte, voor mij het meest indrukwekkend.

De gezamenlijke ademhalingssessies leken dieper te gaan en meer effect te hebben dan de oefeningen die ik in mijn eentje deed, en ook de meditatie die erop volgde bracht me in een ongekende staat van rust. Ongelooflijk dat juist de spring-in-het-veld Wim, de ik-kan-geen-seconde-rustig-zitten Wim, de ik-ga-een-verhaal-vertellen-en-anders-wel-een-lied-zingen Wim, dat uitgerekend deze man mij, en ik was niet de enige, in de diepste ruststand heeft kunnen brengen. Op de plek waar het stil was.

Tijdens de meditatiesessies keek ik hem tussen mijn wimpers door aan, probeerde hem te peilen, deze echt bestaande superman. Hij oogde zo gewoon, zo tastbaar, zo aaibaar bijna, dat het moeilijk voor te stellen was dat hij zo schijnbaar moeiteloos onder de dikste ijsschotsen zwom of blootsvoets door de toendra en de woestijn had gerend.

Zelfs het feit dat de Yogameisjes een eigen invulling aan de ademhalingsoefeningen gaven – ontleend aan hun eigen 'rebirth'-therapie, wat neerkwam op een zeven minuten durende imitatie van een orgasme – kon er niets aan afdoen. Hetzelfde gold voor hun grote vriend, die er wonderbaarlijk genoeg in slaagde om tijdens de ademhalingssessies luid snurkend in slaap te vallen. Mijn innerlijke rust kon niet worden verstoord.

Hoogstens was ik benieuwd hoe de Journalist dit in zijn documentaire ging verwerken.

## 5

Verlangend naar het zachte gezoem van de camera, laat Wim de medische lezing voor wat die is en gaat verder met het vertellen over zijn leven. De allereerste keer dat hij in het koude water dook, is hij nooit vergeten. Ik probeer me voor te stellen hoe hij daar stond, aan de rand van het kanaal dat her en der bedekt was met een dun laagje ijs. Hij was zestien, zeventien misschien... 'Het was net of het water me riep, ik trok mijn kleren uit en stapte erin...' zegt Wim. Het beeld van die eenling die in de schemer in een halfbevroren kanaal stapt veroorzaakt bij mij een huivering. Ik moest mezelf over meerdere sociale en fysieke drempels slepen om met een groep in een ijskoud bassin te stappen, op een afgelegen, onbespiede plek. Laat staan in je eentje...

Wat beweegt een mens ertoe? Uit eerdere verhalen weet ik dat Wim zich al op jonge leeftijd heeft verdiept in yoga en karate en dat hij, hoe interessant hij dat ook vond, daar niet de antwoorden vond die hij zocht. Op het moment dat hij in het koude water stapte, veranderde dat.

'Alles ontplofte!' roept Wim enthousiast uit.

Dat ontploffen, ja, dat was wel iets wat ik inmiddels herkende. Dat gevoel ervoer ik elke keer dat ik in ijskoud water of sneeuw ging staan of zwemmen. 'Alles, alles was wakker! Het was een ontwaken, herinneren, terugkomen…

…Ik bleef er niet zo lang in staan, die eerste keer, een minuut of twee misschien…

Maar ik wist zeker dat ik terug zou gaan.'

'Maar waarom?' vragen de Journalist en ik bijna tegelijkertijd.

'Je hebt irrationele angsten, uit het verleden, blokkades. Die moet je oplossen voordat je zo'n uitdaging aangaat. Dat gebeurt ook elke keer, daarom doe ik het ook. Een soort schoonmaak. Catharsis. Maar de echte angst, de angst die dient als een natuurlijk signaal dat daar een grens is, dié neem ik absoluut waar en daar ga ik ook niet overheen. Ik heb 7500 meter in korte broek afgelegd op de Mount Everest, maar toen ben ik wel teruggegaan. Ik voelde dat mijn aderen nog niet helemaal flexibel waren.'

De Sniežka zullen we ook zo meteen beklimmen in een korte broek. Ik heb niet het gevoel dat ik mijn irrationele angsten uit het verleden of mijn blokkades allemaal heb opgelost. En na de 'blote-voeten-in-de-sneeuwexercities' ben ik ook niet honderd procent zeker van de flexibiliteit van mijn aderen. Ik trek mijn jas nog maar eens dichter om me heen.

'Door dit soort grenservaringen krijg je een groter gevoel van beheersing en controle over jezelf,' vertelt Wim verder. 'Het gaat ook gepaard met beleving. De bezem door je innerlijk. Het gaat erom jezelf te raken in de diepte… Daar vindt ook de verwerking plaats,' voegt hij er na een korte pauze aan toe.

Hij zwijgt, fixeert zijn ogen op de weg.

'Door dit te doen, word ik stil, komt er rust over mij. Ik vertrouw dat, want ik vertrouw de natuur. Daar gebeurt mij niks. De zoeker is dan voor even een vinder geworden. Daar in het Amstelveense kanaal heb ik het voor de eerste keer ervaren. Of misschien was het een glimp... van de eenheid, de samensmelting. Het begrijpen... Daarmee eindelijk ook: de stilte,' vult hij na weer een korte pauze aan.

De Journalist en ik kijken elkaar verbaasd aan. Zo'n coherent verhaal hebben we nog niet eerder van hem, één bonk energie, gehoord.

## 6

Aan de voet van de heuvel gekomen, klimmen we met z'n allen het busje uit: de rest van het groepje zit in de auto van Wims zoon. Hier is het zonnig, maar als we naar de skilift lopen krijgen we te horen dat het bovenste gedeelte afgesloten is: bovenin waait het te hard, mogelijk komt er een sneeuwstorm aan. 'En nu?' vraagt de Tornadojaagster.

'En nu? We lopen dat eerste stuk ook gewoon,' zegt de Iceman en hij leidt ons naar een hutje waar je thee kunt kopen. Onder de verbaasde blikken van skiërs en andere vakantiegangers kleden we ons uit en proppen de overbodige kleding in onze rugzakken. Even later staan we buiten, de zon op onze ontblote lijven.

'En nu?' vraagt de Tornadojaagster weer.

'En nu? We gaan gewoon lopen! De mens is gemaakt om te lopen!' Wim begint aan de klim.

In een rij lopen we achter hem aan. Onze route leidt ons langs de onderste, nog werkende skilift. Tot mijn verbazing is er onder de dik ingepakte skiërs niemand die bij het zien van ons schaars geklede gezelschap op zijn voorhoofd tikt, we worden eerder aangemoedigd, en een enkeling wil met ons op de foto. De kou is draaglijk. Logisch, denk ik, de zon schijnt, het is nagenoeg windstil en we lopen rustig maar in een gestaag tempo omhoog. De lucht bij de top van de berg is grijs, maar dat zie ik niet: ik kijk voornamelijk naar de voeten van mijn voorganger. De handen hou ik gevouwen op mijn rug. Mijn ademhaling is diep en ik probeer zo ontspannen mogelijk te zijn. Haast automatisch vind ik een ritme en ik sluit me af voor verstoringen van buitenaf. Zo veel mogelijk sluit ik me ook af voor verstoringen van binnenuit: gedachten leiden slechts af van het ritme van mijn adem. Gaandeweg val ik meer samen met mijn adem, er is niets anders dan mijn adem. Sneeuwvlokken vallen op mijn haar, mijn armen, mijn schouders. Ik zie ze wel, maar voel ze nauwelijks. De kou is nog steeds draaglijk, voelt nog steeds niet vreemd, we hebben het warm want we lopen een berg op. Ik passeer de Journalist, die zich langs het pad heeft opgesteld met zijn camera. Ik kijk naar hem op om te zwaaien en bemerk de dichtheid van de sneeuwvlokken, ze hebben zich aan zijn haar, zijn wenkbrauwen, zijn borsthaar gehecht. Ik registreer het, maar ervaar nog steeds geen onaangename kou, ondanks de toegenomen wind, ondanks de verhevigde sneeuwval.

Zo lopen we nog een tijd lang door, de zon verscholen achter de dikke wolken, de sneeuwstorm die in heftigheid toeneemt. Een gure wind steekt op en neemt niet meer af. De voeten van mijn voorganger zijn het enige wat ik nog zonder inspanning kan zien. We zijn ruim vier uur onderweg als Wim stopt om ons toe te spreken. 'Zie je die hut daar?'

Ik kijk omhoog en meen inderdaad door de dichte wand van mist en sneeuw iets van een gebouw te ontwaren. Het kan niet al te ver zijn, honderd meter misschien, honderdvijftig maximaal.

'Daar gaan we theedrinken. Het is klaar,' zegt Wim en hij blijft staan, wachtend op de anderen.

Ik passeer hem en baan me een weg, dwars door de sneeuw, richting het haast onzichtbare gebouw.

Het lukt me niet. Met zijn 'het is klaar' heeft Wim de betovering verbroken. Het kost me de grootste moeite om mijn evenwicht te bewaren bij het waden door de verse sneeuw, die soms tot aan mijn blote dijen reikt.

Lekker, een kopje thee, denk ik, en met het verleggen van mijn concentratie van de warmte in mezelf naar het vooruitzicht van warmte buiten mij, komt de kou genadeloos binnen. Ik ril ongecontroleerd en hap naar lucht. Alsof ik van de Titanic in de ijskoude oceaan ben gevallen.

Tot twee keer toe val ik languit in de sneeuw, met mijn blote handen graaf ik me er weer uit, mijn naakte knieën op de bij elkaar gestampte sneeuwklompen. Het gebouw is al die tijd in de buurt, het is er, zo dichtbij, maar slechts met de grootste moeite weet ik me een weg te banen en bereik ik de deur van de berghut.

De ontlading na de tocht is totaal: extreem uitgelaten komen we de berg af, we rennen naar beneden, we glijden naar beneden, op onze jas, op onze kont. We hebben de kou getrotseerd, we leven! Onoverwinnelijk zijn we.

Bij het busje aangekomen slaat de stemming enigszins om: het blijkt dat de zoon van Wim nergens te bekennen is en we moeten met de hele groep in het busje stappen, een deel van ons in de laadruimte. 'Dat is toch supergevaarlijk?' zegt de Tornadojaagster.

Je bent net een berg op geklommen! In een korte broek! In jouw geval in een heel korte broek! wil ik haar toeschreeuwen, maar tegelijkertijd besef ik hoe zinloos het is. Haar perceptie is al verschoven, net als die van mij zo-even op de berg. Perceptie is werkelijkheid. Dus klimt zij voor in de auto, ik met nog een paar anderen achterin. Ik doe het graag. Dit gevoel van onoverwinnelijkheid, onaantastbaarheid wil ik graag nog een tijd lang vasthouden.

In mijn gedachten laat ik de afgelopen dagen de revue passeren. Mijn angst voor elk van de uitdagingen. De verbazing na afloop over hoe schijnbaar moeiteloos de confrontaties met de kou werden volbracht. Niet altijd zonder slag of stoot, maar toch lukte het steeds en ik kon bijna niet geloven tot hoeveel meer we in staat waren door er simpelweg voor te kiezen. De beslissing alleen al bracht je in een heel andere staat van zijn.

## 7

Door al het ontwaken dit weekend kan ik ondanks de aangename vermoeidheid moeilijk in slaap komen.

Wat me wakker houdt, is de aloude vraag in hoeverre we invloed hebben op ons eigen handelen. Het verschil in 'staat van zijn' dat ik deze dagen heb ervaren, is dat iets wat je kunt sturen? Het staat vast dat de mate van euforie, overwinning of juist het gevoel dicht bij je kern te zijn, vele malen groter is na het afronden van de reeks koude uitdagingen dan wanneer ik de middag liggend op de bank had doorgebracht. Kou doet iets met je, angst doet iets met je, een goede afloop van een bedreigende situatie doet iets met je.

Maar in hoeverre was het aangaan van deze uitdagingen een uiting van vrije wil? Had het voor mijn moeder verschil gemaakt als zij zich destijds aan dergelijke exercities had onderworpen? Ongetwijfeld had het, al dan niet tijdelijk, invloed op haar gesteldheid gehad. Maar was ze daadwerkelijk bij machte geweest om een dergelijke keuze te maken? Op het moment dat ze depressief was? Of eerder, toen de eerste demonen om haar heen begonnen te dansen, had ze toen een dergelijke beslissing kunnen nemen?

Het zoete wegsterven van je gedachten als je maar met één ding bezig bent: overleven. De demonen, niets anders dan een kudde losgeslagen gedachten, eindelijk getemd.

Mogelijk, waarschijnlijk, was het op het moment dat mijn moeder midden in een depressie zat te laat. Stel dat ze op een goede dag, tussen de ergste episodes door, een paar van deze technieken had gekend, zou dat dan iets hebben uitgemaakt?

Verkeerde vraag, uiteraard. Het deelnemen aan deze oefeningen op zich vereiste namelijk al doorzettingsvermogen. In ieder geval moest je het willen dus. Was er een mogelijkheid geweest waarbij ze een dergelijk verlangen naar beter worden had kunnen ontwikkelen? Had ze het kunnen willen?

Was er een keuze geweest?

Laat ik vooropstellen dat depressie me een legitieme reactie lijkt op onze recente inzichten als mensheid. Dat de aarde niet het centrum van het heelal is. Dat de hemel uit duizenden, miljoenen, miljarden sterren bestaat, met elk een eigen planetenstelsel om zich heen. Een constante herinnering aan onze eigen nietigheid. Aan de volkomen onwaarschijnlijkheid dat ook maar iets van wat we doen er werkelijk toe doet.

En wat te denken van de recente inzichten die zich opstapelen en erop lijken te wijzen dat vrije wil überhaupt niet bestaat? Pierre Simon Laplace heeft in een beroemd gedachtenexperiment uit 1814 een personage omschreven dat dermate intelligent was dat hij van elk atoom de precieze locatie en beweging kende. Hierdoor was hij ook in staat om zowel het verleden als de toekomst volledig 'uit te rekenen'. Latere denkers hebben dit überintelligente personage de 'Demon van Laplace' gedoopt en het is niet moeilijk te begrijpen waarom. Als de huidige stand van de wereld (of de atomen) de toekomst reeds volledig bepaalt, wat is dan nog het nut van onze zielenroerselen?

Zo komen depressieve mensen en degenen die de dingen te ver doordenken vaak bij dezelfde conclusie uit. Dat zoveel van wat wij doen niets meer dan een façade is, dat zoveel van wat we nastreven berust op een toevallig bij elkaar geraapt zootje misverstanden. Voor haar gedroomde façade had mijn moeder een hoge prijs betaald, haar land, familie en vrienden achtergelaten, om erachter te komen dat een materieel goed verzorgd leven soms de poorten naar de hel alleen maar verder openzet. Uiteindelijk mondde haar toestand uit in een zware psychose.

Zou het (vrijwillige?) opzoeken van een bepaald soort waanzin (wat wij hier op de berg toch wel een beetje deden) haar hebben geholpen grip te krijgen op haar leven? Nee, zou de Demon van Laplace zeggen, want de sterren stonden nu eenmaal zus en zo, en een milliseconde eerder zus en zo; en die ondoorgrondelijke combinatie kon maar in één uitkomst resulteren en dat was dan ook precies wat er gebeurde. Gekmakend ja, maar wat voel ik oneindig veel meer voor de mens die hier met een volkomen begrijpelijke depressie of op zijn minst hevige onrust op reageert dan voor die andere groep, die veel minder begrip verdient: zij die louter opluchting voelen.

Dan maar liever de bittere of zoete waanzin! Waren die onrust en die schrijnende pijn niet een acceptabele prijs voor een illusie dat we meer waren dan een stel atomen met een vaststaande reis voor de boeg? De waanzinnige deelt zijn scherpe, heldere inzicht met de filosoof: beiden zien een wereld zonder schaduwen (en dus ook zonder religie), waarin je elke conventie doorziet. Wellicht dat het grootste verschil is dat het een 'waanzinnige' opgedrongen wordt, dat het onwelkome inzichten zijn, een onbarmhartige verbanning naar een leven waar de kaders aan betekenis verliezen. Terwijl de filosoof het waanzinnige 'vrijwillig' opzoekt, over de randjes loopt van wat we als normaal beschouwen, niets als een vaststaand feit beschouwt en met open vizier het onbekende betreedt.

Wellicht dat het een deel van mijn fascinatie is geweest, de reden om altijd verder te kijken, het verlangen om wat er nog aan vrije wil aanwezig was, te vangen. Door het grote onbekende, en daardoor angstaanjagende, op te zoeken. Voordat het mij vond.

# 8

De volgende ochtend komt Wim bij ons zitten en we zetten de ademhaling voor de laatste keer gezamenlijk in. Ook krijgen we nog wat laatste adviezen mee. 'Mooi als jullie deze technieken op jullie school aan anderen gaan leren,' zegt hij tegen de Yogameisjes.

'Oefen de ademhaling drie keer per dag, maak jezelf sterk,' zegt hij tegen de Journalist.

'En jij?' Wim kijkt me aan en denkt even na.

'Jij moet gewoon zorgen dat je niet ziek wordt!' Vanbinnen moet ik lachen, fijn dat ik voor deze man niet ziek ben. Los van mijn naaste omgeving, familie, een handvol vrienden, collega's, weet ook niemand dat ik deze diagnose ooit heb gehad. Zelden word ik erop aangesproken. Toch valt er een soort last van me af, een laatste bevestiging dat het aanvaardbaar is om jezelf als gezond te beschouwen, ook als je ongezond bent verklaard, zeker als je je zo onoverwinnelijk voelt als ik vandaag.

'Kom op allemaal, tijd om te gaan!' We staan op en verzamelen onze laatste spullen. Weemoed overvalt me en het valt me op dat ook Wim ineens somber is. Net als zijn vreugde en energie op de meeste dagen straalt ook dit neerslachtige gevoel uit al zijn poriën, zijn gezichtsmimiek en de manier waarop hij loopt en zit.

'Het maakt nog steeds veel in me los, weet je... Ik heb ook mijn portie meegemaakt. Nog steeds heb ik mijn ontlading na zulke weken, na elke klim...' deelt hij mee als hij ons naar het vliegveld rijdt.

Zwijgend vervolgt ieder van ons zijn weg.

# IV

# DE BERG DIE NOG GROTER WAS

## I

Weer terug in Nederland blijkt al snel dat er slechts één fenomeen vreemder is dan zelf vrijwillig half ontbloot door sneeuwstormen te lopen of in ijskoud water te springen. Dat waren alle *anderen* die half ontbloot door sneeuwstormen liepen of in ijskoud water sprongen.

De mensen die ik tijdens de Polenreis mocht ontmoeten waren het topje van de ijsberg. Er bleek een heel gevolg van dit soort mensen te bestaan. Wim woonde op een steenworp van ons gezin vandaan en we gingen wel eens bij hem langs in zijn bescheiden tuinhuisje, waar hij zelden alleen zat. Er waren altijd mensen aanwezig als wij kwamen of er gingen juist mensen weg. Mensen waren bezig hun hoofdstand te oefenen, of een andere ingewikkelde yogapose uit Wims repertoire. Vaak was er bij hen, net als bij mij, sprake van een ziekte of een andere gebeurtenis die je plotseling beroofde van je krachten en die je hardhandig met je eigen vergankelijkheid of aftakeling confronteerde. Verreweg het grootste deel van Wims adepten was man, gemiddeld rond de vijfenveertig jaar oud, met vaak een recente turbulente gebeurtenis achter de rug: scheiding, faillissement of ontslag. Het zou heel goed kunnen dat zij door een midlifecrisis hierheen gedreven waren, maar wat was een dergelijke crisis anders dan een plotseling besef van je eigen sterfelijkheid? Het besef dat de eerste helft van je leven erop zat en dat wat restte waarschijnlijk niet de beste helft zou zijn, waarbij je bovendien nog steeds geen idee had wat je met dit leven aan moest.

Met de laatste jaren en maanden van mijn moeders leven in mijn achterhoofd vatte ik een onmiddellijke sympathie op voor dit losgeslagen clubje, dat zich juist niet zwijgend bij het lot neerlegde, het hoofd niet liet hangen, maar juist tekeerging tegen de ondergang, tegen de aftakeling, tegen het idee dat men zich het best in zijn lot kon schikken.

*Rage, rage against the dying of the light!* Hier in Wims tuin werd er flink tekeergegaan, het vuur opgestookt, de vlammen laaiden op en daarmee ook de gloed in onze harten.

Dus haastten we ons om samen onder een ijzige waterval te springen, als ware het de fontein van het eeuwige leven, of op zijn minst van een verlengde jeugd.

De groepjes die bij Wim langskwamen of zijn workshops bezochten waren nu nog betrekkelijk klein: Wim was weliswaar bekend – zijn bovenmenselijke prestaties werden breed uitgemeten in verschillende internationaal erkende media – maar hij was nog geen fenomeen in die zin dat zijn methode wijd en zijd bekend was en toegepast werd. Dit soort samenkomsten had dan ook een prettig, intiem karakter: een minicommune in de dop.

Het zou gedaan zijn met zijn relatieve onbekendheid als de wereld eenmaal kennisgenomen had van de wetenschappelijke publicaties rondom zijn methode, zoveel wist Wim zeker. Tot het zover was, was hijzelf degene die het meest tekeer bleef gaan. Tegen het onbegrip, tegen de onwetendheid, tegen de voor hem ondraaglijke traagheid waarmee de wereld zijn inzichten omarmde.

Tekeergaan kan Wim als de beste.

## 2

Een gerucht dat al langer de ronde doet, blijkt waar te zijn. Wim heeft een nieuwe vriendin: Alma. Wim leeft voornamelijk buiten, bezit welgeteld drie T-shirts en loopt het liefst op slippers. Als hij al iets aan zijn voeten draagt. Alma daarentegen is schoonheidsspecialiste. Zij ziet er ook uit als een schoonheidsspecialiste, verzorgd, ze houdt van mooie dingen. Al springt ze net zo enthousiast in een wak als de rest van Wims adepten, loopt ze marathons en trekt ze in haar eentje het halve continent over, de tegenstelling in hun uiterlijk blijft lichtelijk amusant. Wims voorkomen blijft toch dat van een kind dat net buiten heeft gespeeld.

Buiten spelen is zijn specialiteit. Er was zelfs een tijd dat hij een deel van zijn inkomen verdiende met het organiseren van kinderpartijtjes, waarbij hij ze in de hoogste bomen van het Vondelpark liet klimmen. Vooral mijn jongste zoon, J., met zijn fantastische leeftijd van zes jaar, maakte dankbaar gebruik van die mogelijkheid, die nog steeds bestond in Wims tuin. Er was zelfs een uitkijkpost gemaakt in de hoogste top!

J. was erg bedreven in het klimmen en bij bezoeken aan Wim heb ik me nooit zorgen gemaakt of het wel goed zou gaan. De oudste daarentegen, M., was juist erg verstandig, te verstandig voor een jongetje van acht wellicht, als het op zaken als in bomen klimmen en andere gekkigheid aankwam. Voor hem was een ontmoeting met Wim juist een goede manier om zijn grenzen ietsjes verder op te rekken. Alleen wanneer Wim in al zijn enthousiasme de kinderen met een scherp bijltje het hout voor zijn vuur liet hakken greep ik in: het was nergens voor nodig om alle grenzen in één keer op te rekken, zeker niet in de buurt van een gevoelig moederhart.

Bovendien: durf en roekeloosheid zijn twee heel verschillende zaken. Waar je bij durf op de hoogte bent van mogelijke gevaren en een duidelijke keuze maakt om die onder ogen te zien, je ermee te meten, duidt roekeloosheid juist op het ontbreken van een dergelijk inzicht.

Eerlijk is eerlijk: ook A. en ik hadden het kind in onszelf herontdekt. Zo namen we al sinds de vroege lente regelmatig een duik, samen of met het hele gezin, in de zee of in een van de meertjes waar de omgeving van Haarlem rijk aan is. Los van de voordelen voor het lichaam waren daar de voordelen voor de geest: het gevoel dat je iets stoers had gedaan, iets onbezonnens, het half stiekeme, lacherige gedoe om zo weinig mensen tijdens of na de exercitie in de duinen tegen te komen en niet onverhoeds van kindermishandeling te worden beticht. Al waren het juist de kinderen, zeker de jongste twee, die steevast als eersten in het water sprongen en zonder zichtbare moeite en lichamelijke nadelen naderhand weer naar de auto liepen. Dat alles had iets gebroederlijks en liet je je op slag jaren jonger voelen.

Wanneer we bij Wim in zijn tuin zaten, was het leven eigenlijk zoals het zou moeten zijn. Iedereen die er kwam was uitgelaten, het vuur flakkerde, er was muziek en gelach. Wim met zijn onafscheidelijke gitaar of een biertje in de hand, de bohemien pur sang, ons aller antigoeroe.

Niets, maar dan ook niets leek onmogelijk als je hier zat. Ieder van ons had een goed verhaal, een avontuur om te vertellen, want daarvan beleefde je er genoeg als je met Wim optrok. Er kwamen mensen die tien minuten hun adem konden inhouden en dat ook regelmatig demonstreerden, lieden die tientallen minuten in ijswater konden verblijven. De hoofdstand beheersen leek een ongeschreven toegangseis en anders werd je er wel liefdevol in gedrild; vallen was geen probleem.

Tot de vaste kern behoorde ook de Smid, die tot voor kort in zwaar weer verkeerde. Hij leed aan een vorm van reuma waartegen hij tot aan zijn ontmoeting met Wim hoge doses zware medicatie slikte. Ook hij was aan het begin van dat jaar bij Wim in Polen geweest, we moesten elkaar net zijn misgelopen. De Smid zag de Iceman als een laatste redmiddel; zijn medicatiemogelijkheden waren nog maar beperkt, hij had heftige pijn die hem elke nacht wakker hield en tot overmaat van ramp naderde hij dezelfde leeftijd als zijn moeder toen ze stierf aan dezelfde vorm van reuma.

Want reuma, daar sterf je blijkbaar aan. Dat het een aandoening is die je zo kan doen verkrampen, al is verstenen wellicht een beter woord, dat je als het ware vast komt te zitten in je eigen lichaam, wat ook nog eens vergezeld gaat van een flinke portie pijn, totdat slikken en ademen niet meer gaat, dat wist ik hiervoor niet. De pijn bij de Smid was zo heftig geweest dat hij er elke nacht drie keer uit ging om zich warm te douchen: maar ook dat bracht slechts verlichting voor een heel korte tijd. Slapen deed de Smid nog nauwelijks en de laatste keer dat hij in zijn smederij bezig was geweest kon hij zich nauwelijks herinneren. Zo kwam hij in Wims centrum aan. Daar moest hij opeens niet de warmte in maar de kou. Net als ik werd hij ter verwelkoming tot aan zijn enkels in de sneeuw gezet, en de rest van het ijsprogramma kwam erachteraan. Binnen één dag kon hij, de man die zijn armen en schouders eigenlijk nauwelijks kon bewegen, zich twintig keer opdrukken. De dag erna veertig keer. De kou, de ademhaling en de concentratie: de Smid zwoer erbij. Zijn medicatie had hij teruggeschroefd en hij was nu voortdurend op zoek naar zijn eigen algoritme om zijn lichaam in optimale conditie te kunnen houden. De methode van Wim stond hierbij centraal. Dat deden we hier met z'n allen: we waren op zoek naar een code om het onvermijdelijke uit te stellen.

Een vriend vertelde me ooit dat de hele schoonheidsindustrie slecht één product verkoopt en dat is hoop. Vaak moest ik daaraan denken, in het tuintje van Wim. Zo bezien was het verbond tussen de schoonheidsspecialiste en Wim misschien een stuk logischer dan het leek.

Het bestaan van een code, een magische formule die tot aanzienlijke verbetering zou leiden, leek hier allerminst uitgesloten, heel tastbaar juist. Van alle mensen die Wim

Hof ontdekt hebben, kende ik echter niemand die zich fanatieker zich in dat algoritme had vastgebeten dan de Journalist. Misschien dat de urgentie bij hem het allergrootst was (hoe luidde zijn vonnis ook alweer? Eén jaar, twee?), of anders was het een aangeboren fanatieke inborst. Wat het ook was, de Journalist volgde alle aanwijzingen op, op het gebied van ademhaling, kou en concentratie, maar ook van voeding, psychische zuivering en allerlei andere therapieën.

Deze race tegen de klok legde hij vast met de camera. Net zoals de Smid zijn zwaard van Damocles was ontvlucht, zo zou ook de Journalist het onmogelijke voor elkaar krijgen: het doodvonnis uitstellen, omdraaien en recht in het gezicht uitlachen. Dat moest allemaal op de film.

## 3

Zelf was ik slechts bij vlagen fanatiek. En zeker niet meer zo fanatiek als in het jaar nadat ik mijn diagnose had gehoord.

Om uit het labyrint van voedingsadviezen te komen had ik uiteindelijk een bloedtest laten doen en op basis van de uitslag mijn voeding aangepast. Een rare lijst met een forse opsomming aan voedingsmiddelen die ik moest vermijden – producten die doorgaans als juist weinig 'verdacht' werden beschouwd, waaronder ijsbergsla en mais – maar het leek te werken.

Al was het maar het placebo-effect of het feit dat mij een milde variant van MS toebedeeld werd, ik voelde me de afgelopen jaren eigenlijk heel goed. De Wim Hof-Methode was voor mij meer een extraatje om mijn energie op peil te houden, misschien ook om in te grijpen als het echt mis zou gaan.

Maar zolang het goed ging had ik thuis, weg van de energie die om Wim heen hing, beduidend minder innerlijke drijfveren dan zijn vaste aanhang om door te pakken, verder te gaan dan de dagelijkse koude douche en een rondje puffen. Het onderdeel 'focus' – ongeveer weten wat je die dag, die week of dat jaar wilde bereiken – had ik wel redelijk onder de knie. Al voerde je onder de extreme omstandigheden waar Wim je naartoe sleepte die technieken onvergelijkbaar ver door en al was ik geïntrigeerd, gefascineerd en gecharmeerd door wat Wim teweeg wist te brengen, niets wees erop dat het meer zou worden dan dat: een sterk verhaal, een mooie training op een Poolse berg en af en toe samen rond een vuurtje in Wims tuin zitten.

Daarbij, ver weg van de minicommune, waar de tijd prettig leek voort te kabbelen, ging het leven door. Beter gezegd: raasde het door. Roerige tijden op mijn werk, het gezin, een manuscript dat af moest, dat alles was genoeg, meer dan genoeg. Zo'n overweldigend geheel, zo dynamisch. Niets van het leven mocht aan ons voorbijgaan. Met alle reuring en intensiteit bleef er 's avonds bij het eten vaak weinig fut over om naar de net zo overweldigende verhalen van onze kinderen te luisteren. Ze spraken door elkaar heen, zo luid mogelijk, om nog maar iets van de aandacht op te eisen die waarschijnlijk al tegen twee uur 's middags weggesijpeld was bij hun ouders, wat de gezamenlijke maaltijd vaak tot een luidruchtig en stressvol gebeuren maakte. Pas bij het naar bed brengen van de kinderen probeerden we de tijd zo eerlijk mogelijk te verdelen om toch iets van een ongestoord gesprek met elk van de drie te hebben. Zo een op een, liggend in een behaaglijk bed, wilde dat nog wel lukken.

'Hoe schrijf je een lang verhaal?' vroeg mijn oudste zoon op een avond. Hij mocht de verschillende versies van het manuscript waar ik mee bezig was als tekenpapier gebruiken en kon zich maar niet voorstellen dat iemand al die lettertjes zou willen lezen... Toch vond hij het blijkbaar magisch, want hij wilde zelf ook een boek gaan schrijven.

'Als eerste moet je weten over wie het verhaal gaat.'

'Over een jongen...' zei hij.

'Van bijna acht jaar oud?' glimlachte ik en ik haalde mijn hand door zijn zachte krullen.

'Nee, hij is veel ouder. Ik denk tien of zo...'

'Wat doet hij normaal gesproken?'

'Hij voetbalt.'

'Ah, natuurlijk. Wat is het probleem? Er moet iets misgaan.'

'Wat dan?'

'Nou, dat moet jij dus verzinnen. Zoiets als: op een dag was hij aan het voetballen en toen...'

'O ja.' Hij liet zijn kin op zijn arm rusten en dacht na.

'Op een dag was hij dus aan het voetballen en toen...' Ik liet hem rustig nadenken. '... toen zag hij opeens hoe alle kleur uit de mensen om hem heen verdween,' zei hij uiteindelijk kalm, alsof hij zich ineens herinnerde hoe het verhaal verderging.

'Ah.' Dit zag ik niet aankomen.

'Zagen anderen dat ook?' vroeg ik dus maar. Vragen stellen is de redding van elke ouder die met de mond vol tanden zit.

'Nee, alleen de jongen...'

'Ik snap het. Dat lijkt me inderdaad een probleem.'

'Het gekke was, alleen de grote mensen werden grijs... De kinderen niet.'

'Dat klinkt wel logisch, ja...'

'Ja. Volwassenen kijken vaak zo...'

... alsof ze er niet echt bij zijn, maakte ik zijn zin in gedachten af. Schuldgevoel bekroop me.

'Dat is een goed begin, M.,' zei ik en ik omhelsde hem stevig. 'En toen?'

M. zweeg even.

'Waarschijnlijk is de jongen erg belangrijk bij het oplossen van dat probleem, denk ik.'

‘Hij is de enige die het überhaupt doorheeft...’ hielp ik hem een handje.

‘Hij is de held,’ zei M. met overtuiging.

‘Hij is de held,’ bevestigde ik. ‘Heeft hij een paar helpers? Elke held heeft helpers.’

‘Net als in Harry Potter?’

‘Ja, inderdaad. De held heeft helpers, net als Ron en Hermelien, maar ook een paar mensen die hem voortdurend tegenwerken.’

‘De Drie Pestkoppen,’ zei M. verbeten.

Bijna begon ik me zorgen te maken of die pestfiguren toevallig niet op werkelijkheid berustten.

‘Zo’n dunne en een dikke en zo eentje die normaal lijkt,’ voegde hij eraan toe en ik ontspande een beetje.

‘Weet je ook wie degene is die hun kleur steelt? De Grote Tegenstander?’

‘Eh, nee...’

‘Komt nog wel,’ zei ik geruststellend en ik stond op om weg te lopen. ‘Ga maar lekker slapen, lieverd.’

‘Mama?’ zei hij nog voordat ik het licht uitdeed. ‘Ik denk dat als het te lang doorgaat, de kinderen op het eind ook hun kleur gaan verliezen.’

‘Dan moet de held zeker snel met een oplossing komen, lieverd.’

Met het licht uit bleef ik nog even op de gang staan. De eerstvolgende zaterdag lieten we alles voor wat het was en gingen een flink eind lopen, alleen M. en ik, nam ik me plechtig voor.

# 4

'Je kunt niet over genezing praten, dat leidt alleen maar af van welke voordelen er aan je methode zitten.' De Smid praatte op Wim in tijdens een van die keren dat we elkaar bij de vuurkorf troffen. Het belang van de Wim Hof-Methode bij het bestrijden van verschillende ziektes was een terugkerend onderwerp in huize Wim. Wat nog belangrijker voor Wim was, was de wetenschappelijke erkenning ervan. Wim zelf had geen geduld meer, niet met de wereld, niet met de rede, en zeker niet met de medische stand, die volgens hem een kronkelpad volgde en niks met gezond verstand van doen had.

'Maar het is zo simpel! Je hoeft alleen te ademen! Te a-de-men.' Wim zette grote ogen op, sprak zoals altijd met stemverheffing.

'Maar als je over genezing spreekt, zet je jezelf meteen buitenspel. Niemand die je dan nog serieus neemt,' probeert de Journalist het rustig uit te leggen, voor de zoveelste keer.

'Ja, wacht maar! Het is net onderzocht. En ik weet wat de uitslag is!'

'Het is één proef geweest, Wim, met een onschuldige bacterie. Iets heel anders dan reuma, of kanker,' zegt de Smid.

'Dat heb je ook nooit genezen toch?' vraagt de Journalist. Wim zwijgt koppig.

'Toch, Wim?'

'Dat zeg ik toch ook niet?' Wim wringt zich in allerlei bochten. Zoveel overtuiging, zo weinig geduld. Hij is immers de man die al eens eerder het onmogelijke heeft aangetoond. Meer dan eens.

'De uitslagen van het onderzoek kunnen elk moment binnenkomen. Weet je wel hoe revolutionair dit is? Ze zouden me er de Nobelprijs voor moeten geven! Wacht maar af!

Hufters,' voegt hij eraan toe als bijval uitblijft.

Iedereen houdt wijselijk zijn mond. De looptijd van het wetenschappelijk onderzoek waaraan Wim refereert en dat eerder dat jaar uitgevoerd is aan de Radboud Universiteit in Nijmegen, past absoluut niet in de tijdsbeleving van Wim. De waarschijnlijkheid dat het nog dik een jaar zou duren voordat de resultaten in een gerenommeerd tijdschrift geplaatst worden, als dat al zou gebeuren, wil er bij hem simpelweg niet in. Er staat te veel op het spel. Waarom zou de wereld niet alles op alles zetten om dit te versnellen? Om de levensreddende inzichten sneller onder de aandacht te brengen?

'Dan gaan we gewoon iets anders doen wat onmogelijk geacht wordt,' grijnst Wim. 'We gaan de Kilimanjaro beklimmen! In drie dagen. Dat kan niet, zeggen ze. Te weinig zuurstof, te koud. Maar wij gaan het gewoon doen!'

'Hell yeah!' wordt er geroepen. Steeds meer aanwezigen stoten instemmende kreten uit, geven aan met Wim de berg op te willen gaan. Het begint erop te lijken dat ook ik me moet uitspreken.

Hoe neem je een dergelijke beslissing? Met je verstand? Tientallen afwegingen, ze gaan vliegensvlug, buitelen over elkaar heen. Wat nog sneller gaat, zijn de herinneringen, opgeslagen in de vezels van je lichaam. Stel dat je een auto-ongeluk meemaakt, nog weken erna zul je ineenkrimpen als je auto een ander voertuig te dicht nadert. De Demon van Laplace mag dan alle gebeurtenissen uit het verleden feilloos weten te berekenen, je cellen die een dergelijk ineenkrimpen veroorzaken onthouden ook het een en ander. Ons bewustzijn daarentegen onthoudt vaak maar een paar van die beslissende momenten. Soms de onbeduidende (de geur van je moeders soep, je eerste fiets), maar zeker de gebeurtenissen die later beslissend blijken te zijn.

# 5

Het was ruim een week na de lumbaalpunctie, kort op de diagnose, dat ik mijn eerste echo had. Inderdaad, tijdens het vaststellen van de MS was ik zwanger geweest. Het derde kindje bleek onderweg te zijn, zoals gedroomd. Heel vers nog, een paar weekjes pas, we hadden de test net gedaan. Niemand buiten A. en mij die het wist.

Deze eerste echo vond dus plaats te midden van al het je-hebt-MS-tumult, kort na de lumbaalpunctie. Ik hoopte dat met het zien van het vertrouwde beeld van een foetushartje dat als een razende tekeergaat, mijn gevoel van weerstand tegen dit nieuwe leventje dat zich in me vormde weg zou ebben. Alles was ineens anders geweest. In één klap verwerd deze prille, zeer gewenste zwangerschap tot een aanslag op mijn aftakelende lichaam. De vreugde verdween; de paniek bleef. Het waren geen gevoelens waar ik trots op was.

Deze echo moest hier verandering in brengen. Mijn noodlotsgedachten moest ik opzijzetten, ik moest me op een ander leven richten, een nieuw leven, dat zich nog maar net aangediend had, dat zich nog moest voltrekken. Een zwangerschap kan dan nog zo abstract voelen, het zien van het eerste beeld maakt telkens weer een diepe indruk, dat wist ik uit ervaring. Ik hoopte dat het ook deze keer zou gebeuren. Dat ik iets van vreugde zou voelen, dat mijn energie weer de kleuren zou aannemen die gunstig zijn voor ongeboren kinderen.

A. had zoveel dagen werk gemist dat we besloten hadden dat ik alleen zou gaan. Blijkbaar was de diagnose van een paar dagen eerder nog niet genoeg geweest om onze hoogmoed te laten varen. We beschouwden voorspoed als ons geboorterecht. Zo'n echo, die was tot nu toe toch elke keer zonder problemen verlopen? Ik zou de uitdraai wel aan A. laten zien als hij thuiskwam van zijn werk.

Als de echoscopist mijn buik met gel inwrijft probeer ik verwachtingsvol te kijken. Dat lukt matig. Ik ben nog steeds verdoofd. Het beeld verschijnt op het scherm. Er is niks te zien. Ze blijft wroeten in mijn buik, alsof ze met de sensor door mijn buikwand wil breken.

Ze schuift haar stoel naar achter.

'Ik krijg geen beeld. Je bent nog vroeg, toch? Negen weken of zo?' probeert ze me gerust te stellen. Ze blijft echter ingespannen naar het scherm turen. 'Het is normaal dat dan via de uitwendige echo het hartje nog niet te zien is. Ik maak zo een inwendige echo. Voor de zekerheid roep ik mijn collega erbij.'

Een onaangenaam déjà vu overvalt me.

De tweede echo laat een soort uit de kluiten gewassen vruchtzak zien. Een foetus is echter nergens te bekennen. Het blijkt een windei. Een windei is een echte zwangerschap, maar dan zonder kind.

De twee dames vangen me goed op. Ik mag huilen zo lang als ik wil. Rustig leggen ze me de mogelijkheden voor. Ik mag wachten op de natuurlijke miskraam, want die komt er in deze situatie altijd. Ook kan ik een miskraam opwekken door het nemen van een pil. De laatste mogelijkheid is een curettage.

Wachten op een spontane miskraam lijkt me een onnodige toevoeging aan de gebeurtenissen van de afgelopen dagen. Ik kies voor de derde mogelijkheid. 'Zou het wellicht deze week nog kunnen? Ik heb voor maandag een reis naar Nairobi staan,' zeg ik ineens. Met nog maar een paar dagen te gaan tot deze reeds weken eerder geplande reis, is iedereen er stilzwijgend van uitgegaan dat ik niet zal vertrekken. Maar ineens weet ik zeker dat ik weg moet, door moet. Ze knikken begrijpend.

'We gaan kijken wat we kunnen doen.'

Zo arriveer ik met A. voor de zesde keer binnen twee weken bij hetzelfde ziekenhuis, ditmaal voor de beëindiging van de niet-doorgezette zwangerschap. Hetzelfde gebouw, maar een andere afdeling, ander personeel, ander leed. Ditmaal heb ik geen ziekenhuiskamer voor mezelf. Op het laatste moment ertussen geschoven, kom ik terecht op een herenkamer: het lijkt het vaste domein van drie bejaarde mannen. Een van hen heeft slechts een onderbroek van gaas aan en ligt boven op zijn lakens als ware het de Costa Brava.

Het is pas zeven uur 's ochtends. Ik drink thee en eet biscuitjes die een vriendelijke verpleger me is komen brengen.

Achter de gordijntjes rondom mijn bed moet ik het ziekenhuishemd aantrekken. Mijn bed staat tegen het raam en ik heb een sterk vermoeden dat het gordijn doorschijnt.

'Ah, gun ze een verzetje,' grapt A. als hij mijn aarzeling opmerkt.

Vrij snel haalt een verpleger me op en brengt me naar de operatiekamer. De anesthesist en de gynaecologe stellen zich voor.

'Het is een vrij eenvoudige ingreep, een ruggenprik volstaat,' zegt de anesthesist.

'Ik heb net te horen gekregen dat ik MS heb. En vorige week had ik een lumbaalpunctie, die viel niet goed,' vertel ik.

'Heb je MS?' vraagt hij verbaasd. Hij pakt mijn dossier van twee pagina's en begint deze aandachtig te bestuderen.

'Nee, laten we maar niet meer in je prikken dan...' zegt hij. 'We gaan je onder algehele narcose brengen.' Dat lijkt me nou helemaal fantastisch, een algehele narcose. Daarom was dit ook al besproken en vastgelegd tijdens de afspraak met de arts, een dag eerder, in dit ziekenhuis... dacht ik.

'Wanneer heb je voor het laatst gegeten?'

'Zojuist... Thee en biscuitjes.'

'Hoe kan dat nou? Heeft niemand jou verteld dat dat

niet mag voor een operatie?' vraagt hij zichtbaar geïrriteerd.

'Nee,' antwoord ik. Koekjes kreeg ik.

De ingreep gaat in de middag plaatsvinden. Dat houdt in dat ik een paar uur op de kamer met de drie heren moet verblijven. Een indringer in hun microkosmos. Ze loeren naar me, gissend naar de reden van mijn aanwezigheid, op zoek naar aanspraak. Ik verdwijn in mijn krant. Het is al erg genoeg dat ik hier moet liggen, slechts gehuld in dat verdomde ziekenhuishemd.

Als ik naar de wc moet, roep ik de verpleger, in de hoop op een laken dat ik om me heen kan slaan. De verpleger besluit echter om de een of andere duistere reden dat ik niet van het reguliere toilet gebruik mag maken. Hij trekt de gordijnen om het bed weer dicht en komt aanzetten met een rolstoel waar een po in zit.

Zelf ben ik niet in staat om hier midden in de herensociëteit uit te leggen hoe verschrikkelijk verkeerd dit is. Dat er niet meer zoveel over is van mij. Dat mijn heden en mijn toekomst me afgepakt zijn.

Dat ik nergens meer iets over te zeggen heb en, dus, of ik dan alstublieft in ieder geval op een normale wc mag plassen. Ik kijk naar A. in de hoop dat hij dit kan laten verdwijnen. Hij leest zijn krant.

'A.,' probeer ik. Hij kijkt me niet-begrijpend aan.

Zwijgend betreed ik een nieuwe kring van de hel.

## 6

'Hell yeah!' komt er uit mijn keel.

De herinnering, dat is er een van onmacht. De plek waar we nu zitten daarentegen, is juist absoluut geen omgeving om te twijfelen, laat staan aan zoiets futiels als het beklimmen van een zesduizend meter hoge berg. Vergeet details als acclimatisatie om het gebrek aan zuurstof op te vangen.

Warme kleren die je tegen de ijzige kou op grote hoogte dienen te beschermen? Die zijn voor watjes. Wij hebben de controle!

De controle, ja, de magische bezweringsformule. Het tegengif tegen een speelbal zijn van de meest uiteenlopende krachten, van het patiënt zijn, van overgeleverd zijn aan de waan van de dag binnen 'het systeem'. Misschien zelfs tegen het mens-zijn in de breedste zin van het woord, de mens die handelt naar de positie van de atomen zoals ze vandaag gerangschikt zijn, met een toekomst waarbij je niets in de melk te brokken hebt.

Het plan om de Kilimanjaro te beklimmen is niet nieuw. Wim heeft het al eerder in zijn eentje gedaan, binnen één dag. Het plan om het met een groep te doen, hoorde ik vorig jaar al. Net na zijn optreden in de Stadsschouwburg, bij het eerste gesprek dat ik met hem had. Het hoorde bij zijn nieuwe missie om zijn technieken aan zo veel mogelijk mensen te leren. Ik had net mijn eerste ademhalingssessie met Wim doorlopen, was nog high van de zuurstof, en ik had meteen enthousiast geroepen dat ik mee zou gaan. Het leek zo'n vergezocht, uit het niets opgedoken plan dat een toezegging volkomen op haar plaats leek. Maanden gingen voorbij en ik had Wim of een van zijn kornuiten er nooit meer over gehoord. Opeens bleek het plan echter nooit van de baan te zijn geweest.

'We gaan de wereld laten zien dat alles mogelijk is. Dat mensen met weinig klimervaring, zelfs mensen met kanker, zwaar reuma en MS, zo die berg op kunnen! Sneller dan wie dan ook, met de kou als onze vriend!'

'Hell yeah!' schreeuwen we nog maar eens om zijn woorden kracht bij te zetten.

Wat ook meespeelt: het is zo'n warme, zwoele zomeravond. De sterren aan de hemel schijnen ons vol vertrouwen tegemoet, mijn kinderen zijn een stukje verderop vrolijk aan het spelen, helemaal in hun element. Niemand, inclusief A., lijkt dit een absurd plan te vinden.

'O, jij gaat zeker mee!' Wim kijkt me aan met de ogen van een ondeugend kind en ik weet dat die van mij een perfecte weerspiegeling daarvan moeten zijn. Dus ik gooi mijn hoofd in mijn nek en moet heel hard lachen om dit besluit, dat blijkbaar al op voorhand vaststond.

Wat kan er tenslotte misgaan? We hebben onze adem en onze concentratie.

En de kou? De kou, dat is onze warme vriend.

# V

# GLOEIENDE SNEEUW

## I

De vriesblaren zijn groot en dik. Ze bevinden zich op de tere huid tussen voetzool en tenen in. De meeste zijn gevuld met doorzichtig vocht. Zo niet de blaren rondom de kleine tenen, die zijn gevuld met een donkerrode vloeistof.

'Tweedegraads vrieswonden,' stel ik zelf als diagnose. Dit doe ik aan de hand van een webpagina waar naast de informatie ook foto's staan, gevonden via Google. Nooit geweten: vrieswonden hebben een vergelijkbaar effect op de huid als brandwonden. Zelfs de indeling voor dit type wonden is nagenoeg dezelfde. Eerstegraads, tweedegraads, oplopend tot een derdegraads fase, waarbij de huid zwart wordt en het weefsel begint af te sterven. De internetpagina die ik raadpleeg toont expliciete foto's van zo'n vergevorderde derdegraads vrieswond, onder andere een hand met een afgevroren vinger. Iemand (de eigenaar?) houdt het losse, zwartgeblakerde puntje met de eveneens zwartgrijze, afgevroren vingernagel, tegen het restant van de nog wel levende vinger aan. Gebiologeerd staar ik ernaar. Dit afgestorven weefsel lijkt wel van ijzer of versteend... Legendes uit mijn kindertijd, waarin mensen voor straf in steen veranderd worden, echoën in mijn hoofd. *Bevroren teentjes vallen er soms op een natuurlijke wijze af*, staat er. Deze zin lees ik wel drie keer, staat dat er echt? Ongewild dwalen mijn ogen weer naar de foto. Dat zwarte, afgevroren puntje zag er inderdaad uit alsof het er zomaar vanzelf af gevallen was...

Ik verman mezelf om me te concentreren op mijn eigen verwondingen.

'Bij het uitblijven van pus, rode randen en/of koorts natuurlijk herstel afwachten,' luidt het internetadvies.

Nogmaals inspecteer ik mijn voeten. De blaren zien er rustig uit, schattig bijna hoe ze zich op een rijtje onder mijn tenen hebben opgesteld. De aanblik verraadt in niets de schreeuwende, brandende pijn die ik bij elke aanraking voel. Wim voorziet ons niet van concreet advies hoe hiermee om te gaan. Wel worden we getrakteerd op het verhaal over hoe Wim zelf tijdens het beklimmen van de Mount Everest last kreeg van bevroren tenen. Helemaal zwart waren ze. Zo erg zelfs dat het brandwondencentrum in Beverwijk hem naar huis wilde sturen met een behandelplan waarbinnen een paar van zijn tenen afgezet zouden worden op het moment dat de conditie van zijn voet dat toestond. Wim, eigenwijs als hij was, is natuurlijk nooit teruggekeerd. Naar eigen zeggen heeft hij de zwarte huid met behulp van zijn ademhaling en uierzalf geheeld. Al zijn tenen zitten er in ieder geval nog aan. Zo bezien vallen mijn eigen wonden dus nog mee. Schreeuwende pijn, dat wel, maar geen pus, rode randen of koorts. Mooi. Ik heb geen zin om aan de huisarts te vertellen hoe ik tijdens deze warme oktoberweken zulke imposante vrieswonden heb opgelopen.

## 2

Nog geen vierentwintig uur eerder sta ik op blote voeten in de sneeuw, deze keer in een skihal niet ver van mijn huis. Een groep van rond de vijfentwintig personen heeft zich hier verzameld voor de eerste gezamenlijke Kilimanjarotraining. Mijn zwager Junior gaat ook mee. Niet echt verrassend. Hij is een fan van het eerste uur. Gekke dingen zitten hem ook een beetje in het bloed; samen met zijn broer runt hij een bedrijf waarbij ze veel technieken van vooraanstaande managementgoeroes toepassen. De technieken van Wim Hof waarbij je jezelf naar het uiterste niveau duwt, passen daar prima bij. De enige reden dat zwager nummer 2 niet meegaat, is de verwachte komst van zijn kindje rond onze vertrekdatum.

Junior en ik rijden samen naar de training, nieuwsgierig naar de rest van de groep. Als we stoppen voor de skihal, stap ik met lood in mijn schoenen uit. Ik heb eerder met Wim Hof getraind, in zijn centrum in Polen, maar daar waren we met een kleine groep, afgezonderd van de wereld. Ver weg van alles kon je een paar dagen uitsluitend met de training bezig zijn. Je zat in een flow.

Hier stappen we uit op nog geen vijftien kilometer van mijn eigen huis, op een mooie, warme herfstdag. Met mijn gedachten ben ik nog bij mijn dagelijks leven. Het idee dat ik zo meteen blootsvoets in een hal sta waarin het min vijf graden is, stemt me niet vrolijk. Junior daarentegen, zoals altijd energiek, kan niet wachten tot we gaan beginnen.

Ik zucht. Het enige wat erop zit is al deze gevoelens los te laten. Onder al mijn twijfels en zorgen lijkt een zekerheid te liggen dat ik de top zal halen: een soort van kalmte en overtuiging dat het gewoon gaat lukken.

Bovendien, door een onverwachte uitbreiding van deze groep expeditieleden zijn zowel Junior als ik op slag niet meer bezig met het gevaar voor ons eigen leven. 'Moet je deze kerel zien,' zegt de Smid, die voor de ingang staat te wachten. Hij wijst naar een groepje mannen die een stukje verderop met ontblote bovenlijven een warming-up doen. Een van hen is een stuk ouder dan de rest, zeker de zestig al gepasseerd. Naast zijn grijze haar valt ook zijn imposante buik op. Terwijl de rest van het groepje rustig rondjes rent, schuifelt hij er moeizaam achteraan en stopt om de paar meter om op adem te komen.

'Hij kan niet eens een stukje rennen; zo'n berg, dat redt hij toch nooit?' De Smid schudt zijn hoofd in ongeloof.

Junior en ik mijden elkaars blik.

‘Dat is Senior,’ bekent Junior ten slotte.
De Smid trekt een wenkbrauw op.
‘Mijn schoonvader,’ licht ik toe.
De Smid kijkt ons verbaasd aan. Hij wil iets zeggen, maar bedenkt zich dan.
Of de Smid het nu hardop zegt of voor zich houdt, gelijk heeft hij evengoed. Senior vormt één grote contra-indicatie om de Kilimanjaro te beklimmen. Wat de Smid nog niet eens weet is dat Senior ook nog hartpatiënt is. Enkele jaren eerder is hij gedotterd, wat inhoudt dat hij de rest van zijn leven bloedverdunners moet slikken. De schaarste aan zuurstof stimuleert de aanmaak van extra rode bloedlichaampjes, waardoor het bloed op grote hoogte juist dikker wordt. Hierdoor wordt klimmen boven drie- en zeker boven vierduizend meter afgeraden aan mensen met hartklachten. Laat staan onze versie van de beklimming, die zelfs voor ‘gezonde jonge mannen tussen de achttien en vijfendertig’ door experts als een kamikazeactie is bestempeld.
Grote, zuurstofarme hoogte gecombineerd met een grote kans op uitdroging, waar je volgens getuigenissen bijna niet tegenop kunt drinken, resulteert steevast in een verdikking van het bloed. Uitputting, uitdroging en toegenomen stroperigheid van het bloed zijn nu net de omstandigheden die mijn corpulente, gedotterde schoonvader op leeftijd (binnenkort wordt hij vijfenzestig) ten koste van alles dient te vermijden.
Na een aanvankelijk enthousiasme over de plannen van Senior om zijn fysiek aan te pakken, begon de omvang van de waanzin van zijn voornemen bij zijn omgeving door te dringen. De steun van het eerste uur begon langzaam maar zeker in onrust om te slaan. Vooral voor mijn schoonmoeder was de onbezonnenheid van haar man onverteerbaar, háár onrust sloeg al snel om in regelrechte paniek. Ik gaf haar geen ongelijk.
De beweegredenen van Senior en zijn bereidheid om de

toorn van zijn vrouw te trotseren waren desondanks wel duidelijk. Om te beginnen was er het naderende getal van vijfenzestig: het ultieme maatschappelijke stempel dat hem buiten het werkende leven en hiermee in de beleving van Senior ook buiten de maatschappij plaatste. Dat kon prima als een einde gelden. De gemiddelde levensverwachting voor mannen van vijfenzestig is in Nederland zeventien à achttien jaar. Vergelijkbaar met de voorspelling die ik indirect bij mijn diagnose van de neurologe kreeg. Mogelijk kende dit 'restje van het leven' eenzelfde verloop. Al met al zouden ze er niet beter op worden, die jaren die de statistiek hem en mij toebedeelde. Wellicht zou je eerst je verstand verliezen en anders moest je wel inleveren op je motoriek. Een beeld van anderen die je poep en pies opruimden kwam ineens dichterbij. Op zich al voldoende om een gevoel van urgentie in je hoofd en lijf te creëren.

Maar er was meer.

Nog geen maand eerder had de jongste broer van Senior, oom van Junior, zijn verjaardag gevierd. Net vijftig jaar oud, wees alles erop dat dit zijn laatste verjaardag zou zijn. Hij had terminale darmkanker. Van het jaar dat hem beloofd was, zijn laatste jaar, was inmiddels het grootste gedeelte al voorbij. Ook hij maakte kennis met de Wim Hof-Methode: hij deed de ademhalingsoefeningen trouw, elke ochtend, samen met zijn vrouw. Ter ere van zijn verjaardag nodigde hij Wim uit, zodat zijn naaste familie en zijn vrienden de kans kregen hem en zijn technieken ook te leren kennen. Senior was daarbij.

Junior en ik hadden op dat moment al besloten om mee de Kilimanjaro op te gaan en ook op die verjaardag was het een onderwerp van gesprek. Ergens tussen het 'Hoe-hah!' van Wim en het licht dat langzaam aan het uitdoven was in de ogen van zijn broer, moet het besluit in zijn hoofd zijn geboren: Senior ging mee de Kili op.

'Mag ik?' vroeg Senior aan Wim, nadat hij de workshop

had afgerond. 'Mag ik mee de Kili op?'

Wim keek Senior diep in de ogen. Hij keek niet naar zijn imposante buik, vroeg niet naar de conditie van zijn hart. Hij keek alleen in zijn ogen, lang en doordringend. 'Dan moet je fors afvallen en heel veel trainen de komende tijd,' zei Wim, voor zijn doen ongewoon streng.

'Komt in orde,' antwoordde Senior.

Vandaag echter is zijn voornemen nog vooral voor hemzelf zichtbaar. Voor de rest van de groep is hij met zijn grijze haar en ronde wangen een levensechte versie van de Kerstman, de versie gemunt door Coca-Cola.

'Gekkenwerk...' mompel ik tegen Junior terwijl we de sneeuwhal binnenlopen.

'Ja, het is allemaal gekkenwerk,' antwoordt Junior opgewekt.

Ik moet lachen. Mijn hele schoonfamilie, inclusief mijn man en onze kinderen dus, en steeds meer vrienden douchen al koud en zwemmen regelmatig het hele jaar door in open water. Het is voor ons gemakkelijk om te vergeten dat 'de kou omarmen' evengoed een nog vrij exclusieve bezigheid is. Zeker de variant die wij gaan ondernemen. Senior sluit zich bij ons aan. Terwijl hij nog bijkomt van de bescheiden warming-up vraag ik me voor de eerste keer sinds lange tijd af of er toch niet ergens een streep gezet moet worden door deze onbezonnenheid.

## 3

Al snel echter worden we overspoeld door meer dan twintig nieuwe namen die ik ter plekke vergeet. Enkelen van hen hebben de instructeursopleiding bij de Iceman gevolgd of zijn nog in opleiding. Dat houdt in dat ze een paar weekenden, vergelijkbaar met het weekend dat ik in Polen heb doorgebracht, met Wim Hof op stap zijn geweest. Een ander deel van de groep heeft meegedaan aan het wetenschappelijk experiment dat Wim Hof samen met de Radboud Universiteit heeft uitgevoerd. Ook hun training, een voorbereiding voor het wetenschappelijke experiment later dat jaar, vond plaats in de week aansluitend aan mijn verblijf in het centrum in Polen. In totaal twaalf jonge mannen zijn toen een week lang door Wim Hof getraind. Deze getrainde jonge mannen en een controlegroep van twaalf willekeurige jonge mannen werden later dat jaar ingespoten met een E-colibacterie, die circa vier uur lang een hevige griep veroorzaakte. De grote vraag was of de groep getraind door Wim beter tegen een dergelijke bacteriële invasie bestand was dan de gewone mens. Voor Wim was de uitslag van dat onderzoek allesbepalend. Daarin lag het ultieme bewijs van zijn transitie van circusartiest naar wetenschappelijk erkend fenomeen. Alle deelnemers waren gebonden aan een geheimhoudingsplicht; het vertrouwen echter dat uit hun lijven straalde, en misschien alleen al hun aanwezigheid hier, verried dat het onderzoek in het voordeel van Wim was uitgepakt, mogelijk zelfs in een overtreffende trap.

Tot slot is er een laatste, kleine groep deelnemers, gevormd door de 'zieken'. De Smid gaat mee als 'de vertegenwoordiger' van reuma. Ook is er iemand bij met de ziekte van Crohn. Ook hij is enorm opgeknapt sinds hij de Wim Hof-Methode is gaan toepassen. De Journalist, vertegenwoordiger van de ziekte met de hoofdletter K, twijfelt nog of hij mee moet gaan; vandaag is hij er in ieder geval niet bij. Zelf heb ik de dubieuze eer om de ziekte MS te vertegenwoordigen. Het is alleen teleurstellend dat ik geen wonderbaarlijk verhaal heb over een aan Wim gerelateerde wederopstanding. Simpelweg omdat ik nooit gevallen ben; tot nu toe heb ik veel geluk wat het uitblijven van de MS-symptomen betreft.

Evengoed wordt er ook op mijn hoofd een camera bevestigd. Het is de bedoeling dat er een documentaire wordt gemaakt van deze reis. De Smid en ik mogen beiden een rode draad in het verhaal vormen, als de Zieke Deelnemer. Terwijl de camera op mijn voorhoofd drukt, bedenk ik dat ik in de buitenwereld, de normale wereld, nooit over mijn MS spreek; dat ik hierheen ben gekomen om voorgoed met MS af te rekenen en dat het gevolg van dit alles is dat ik hier mezelf aantref als het prototype van een MS-patiënt, mocht de documentaire ooit afkomen.

In eerste instantie lijkt het haast geen optie dat dit níét het geval zal zijn. National Geographic zelf wil graag de beelden hebben, zo wordt er gefluisterd. De filmmaker die het compacte, toch na een tijdje irritant zware apparaat op mijn voorhoofd heeft geplant, denkt er anders over en heeft aangedrongen op sponsoring van het astronomische bedrag dat hij hiervoor beraamd heeft, met als doel de film in eigen beheer uit te brengen. De kosten, de rechten, de uitvoering: alle praktische zaken rondom Wim Hof-gerelateerde projecten lijken beladen te zijn. Wim zelf geeft er niks om en reageert oprecht enthousiast op alle plannen die mensen om hem heen aandragen. Gebrek aan inschattingsvermogen en een tomeloos enthousiasme blijken een ongelukkige combinatie. Zo zijn er inmiddels heel wat mensen, onder wie ook enkele filmmakers, die denken de zegen van Wim voor hun meest uiteenlopende projecten te hebben, om vervolgens weinig concrete inbreng te ontvangen.

## 4

Ook vandaag is Wim overal, hoor je hem boven iedereen uit.

'We gaan het gewoon doen! We gaan die motherfuckers hun ongelijk bewijzen!' roept hij enthousiast tegen iedereen die het maar wil horen. Hij lijkt de cheerleader die ons op de been houdt tijdens het wachten, de minuten waarin ik merk dat de spanning bijna ondraaglijk wordt.

Ongewild denk ik aan wat ik inmiddels over Wim weet, uit een paar gesprekken bij zijn huisje, stukjes geschiedenis gedeeld tijdens de altijd onderbroken en rommelige uurtjes die ik in zijn nabijheid doorbracht. Over Wim, de zoeker: welke onrust hem ook gedreven heeft richting de diepe kalmte van het koude water, buiten de wereld van het ijs heeft hij zijn rust nog niet gevonden. Als hij zich destijds in Amsterdam, toen hij net aan zijn IJsman-weg was begonnen, alleen daaraan had kunnen wijden, had hij wellicht kunnen vinden wat hij zocht. Het leven had echter andere plannen: het kwam binnen, zocht hem op en bezegelde voor altijd zijn lot.

Een vrouw, uiteraard. Een Spaanse schone, die ogenschijnlijk uit het niets kwam en zijn rust verstoorde. Hij kende haar land, hij was daar eerder geweest, tijdens een reis met zijn tweelingbroer. Eigenlijk had het een wereldreis moeten worden, maar iemand wees ze in het Baskenland op een stuk grond dat te koop was: een terrein met cactussen en een waterval, het paradijs. Terug in Nederland dreigde hij dat langzaam te vergeten, maar ineens was zij er, Olaya, en ineens kwam zijn droom terug. Olaya was net zo grillig en indrukwekkend als haar ruige land: nu eens dor en afstotend als een woestijn, dan weer, als de schaarse regen kwam, uitbundig, voedend, liefdevol. Ze kwam, veroverde hem, verdween; kwam terug en ging weer. 'Een natuurkracht' noemde Wim haar. Wim wist wel beter dan die te willen sturen.

# 5

Ondertussen dringt een andere natuurkracht, ongenadige kou, de training binnen. We laten de kopjes thee staan en worden naar de kleedkamer gedirigeerd. Er zijn geen gescheiden kleedruimtes voor mannen en vrouwen. Normaal trekt men hier immers alleen maar de skikleding aan en verwisselt men van schoenen. Wij daarentegen trekken onze Kilimanjaro-outfit aan: korte broek voor de mannen, korte broek plus een topje voor de vrouwen. Een jonge vrouw staat naast mij, ze schijnt een enorme tumor op haar buik te hebben gehad, goedaardig weliswaar, maar door de grootte ervan werd overwogen om nagenoeg haar hele buikwand weg te halen. Ik deel haar in in het groepje 'zieken'. 'Toen stond ik in dat koude water en voor het eerst kreeg ik gevoel in dat gezwel... Daarvóór was dat weefsel altijd gevoelloos geweest. En toen wist ik: dit is het, het bloed stroomt daar weer, het lichaam kan zijn werk doen...' hoor ik haar vertellen. Voordat we de skihal binnengaan doen we nog een paar yogaoefeningen, of in mijn geval iets wat erop lijkt. Dit gaat willekeurig en abrupt: het kost me moeite om mijn rust te vinden, me te concentreren. Tot mijn verbazing doen we helemaal geen ademhalingsoefening, voor mij de kern van de Wim Hof-Methode. Ook de yogaoefeningen volgen elkaar snel op, een paar ervan zijn helemaal nieuw voor mij. De geborgenheid en de concentratie die ik me herinner van de reis in Polen zijn hier ver te zoeken. We zitten op elkaar geperst in een te kleine kring op een rubberen mat in de grote betonnen hal. We zitten zo dicht bij de ingang van de kunstmatige skipiste dat er elke keer dat iemand naar binnen of naar buiten gaat, een ijzige luchtstroom langs onze uitgestalde lijven schuurt.

Wim moet tot twee keer toe zijn verhaal opnieuw beginnen in verband met de filmopnamen. Mensen worden midden in een oefening gemaand op te schuiven, zodat een van de vaste camera's een beter shot kan maken. Ook merk ik dat met de camera's erbij mijn gezicht een andere uitdrukking aanneemt, dat gaat vanzelf. Concentratie oproepen lijkt onmogelijk. Opeens vind ik het veel minder erg en geen 'gemiste kans' als de absurde sponsoring van deze grootscheepse docu nooit van de grond komt en deze filmmakers elders hun heil zoeken.

## 6

Dan gaan we de hal in en de ijzige kou slaat onmiddellijk toe. Honderden naaldjes wervelen door de lucht en boren zich genadeloos in onze blote huid.

Op blote voeten lopen we over de sneeuw. Met elke seconde dat we hierbinnen staan krijgt de kou meer vat op ons lichaam. Een ijzig gevoel trekt in mijn voeten. Meteen reageert mijn lichaam door de bedreigde ledematen van de rest van het lichaam te scheiden. Een ijzeren band lijkt zich om mijn enkels te sluiten. We springen op en neer en wrijven onze armen warm. Een paar keer rennen we de piste op en neer. Dat gaat redelijk. De beweging zorgt voor warmte: de voeten zijn maar even in aanraking met de sneeuw. Iedereen concentreert zich en valt uiteindelijk stil. Langzaamaan begin ik mijn aandacht beter te richten.

Helaas, de camera's draaien ook hier mee en eisen wederom een verandering van het shot. Na slechts twee of drie keer de heuvel op gerend te hebben gaan we in een cirkel staan. Minutenlang staan we met onze voeten in de sneeuw. De vernauwing van de bloedvaten is zeer pijnlijk; mogelijk vormt zich al ijs buiten de huidcellen.

Concentreer je! Dit ken ik. De truc is om van de sneeuw om en onder je voet in gedachten een soort omhulsel te maken, een omhulsel dat je voeten warmer maakt in plaats van kouder. Dit doe je door... Eigenlijk weet ik niet hoe je dat doet. Als je het me zou vragen, zou ik zeggen dat het voelt als denken. Als je het me zou vragen, zou ik simpelweg zeggen dat je je voeten warm denkt. Dat het werkt.

Dan zou ik zeggen dat kou je warme vriend is.

Tot slot zou ik glimlachen.

Hier lukt het me echter niet: het denken niet en het lachen al helemaal niet. Het koelsysteem dat onder de vloer van deze hal ligt verandert de sneeuw, gesmolten door de aanraking met onze voeten, binnen de kortste keer in een klomp ijs.

Ik moet me tot het uiterste concentreren om de golven pijn over me heen te laten komen en mijn natuurlijke impuls om gillend weg te rennen te onderdrukken.

Op dit vriesgeweld krijg ik geen vat. Tussen mijn oogleden door observeer ik de rest van de groep. De andere deelnemers, inclusief Senior, zijn allemaal in zichzelf gekeerd, op zoek naar die innerlijke kracht die deze exercitie draaglijk moet maken. Onze adem vormt wolkjes. Onze huid is bleek, het bloed trekt dieper het lichaam in, naar de organen. Onze oren, neus, vingers en tenen worden als eerste in de steek gelaten om de warmte die er rest in te kunnen zetten voor de organen.

De pijn is uit mijn voetzolen weggetrokken, maar de strakke band om mijn enkels lijkt tegelijkertijd verder te worden aangesnoerd. Mijn lichaam is bezig mijn voeten op te offeren en het voelt niet fijn. Ik ben erg blij als we mogen gaan zitten op die ijskoude plaat.

We gaan een tijdje mediteren. Een verademing, een plezierreisje bijna na het staan in de sneeuw. De innerlijke concentratie keert terug, de innerlijke kracht, de warmte waarvan ik inmiddels weet dat die bestaat maar die ik blijkbaar nog niet op commando onder alle omstandigheden kan oproepen. De irritatie over de gang van zaken, de chaos, een ontheemd gevoel in deze nieuwe groep, zorgen om Senior, ergernis over mijn eigen onvermogen: alles verdwijnt naar de achtergrond. De wereld waar het warmer dan min vijf is bestaat niet meer, lokt niet meer, al is die maar een paar meter van ons vandaan. Het enige wat er is, is de aftasting van de kou. Ik dans met de kou, ontspan mijn schouders, denk mijn cellen open, nodig de kou uit, geef me over en gebruik de energie die hierdoor vrijkomt om zo veel mogelijk warmte te genereren en richting mijn getergde voeten te sturen. De kou, de heftigheid, de weerstand, alles transformeer ik tot deze ene gloeiende bal in mijn buik die ongekende hitte genereert.

Het gevoel als het lukt, de weldadige warmte die zich centimeter voor centimeter een weg door mijn lichaam baant, richting mijn dijen, mijn kuiten, ja, bijna ontdooi ik mijn voeten, nog even en de bal van vuur zal ook dat ijzige gevoel verslaan…

'Nog één shot, jongens, ga maar weer staan!' schreeuwt de cameraman.

## 7

Eenmaal terug in de kleedruimte lijken we een groep drenkelingen die net uit een woeste zee is gered. Zelf zit ik uitgeschakeld op de grond tegen de kluisjes aan. Een paar mannen liggen uitgeteld op hun rug op de bankjes in de kleedkamer, sommige liggen zelfs op de grond.

Het gevoel dat overheerst is zwakte, flauwte. Golven van misselijkheid overspoelen me als mijn lichaam weer aan de warmte went. Het koude bloed vermengt zich met het warme bloed, wat zorgt voor heftige rillingen en een algeheel gevoel van malaise. De aftershock. Tegelijkertijd stroomt het bloed weer in onze voeten, die met een schreeuwende pijn tot leven komen. Kou, warmte, pijn.

Senior noteert het volgende in zijn logboek over deze dag: Skihal temperatuur -5 graden en op de grond met de vriesmachines eronder -9,5 graden. En: Ik schrok bij de evaluatie dat de start [van de Kilimanjaro-tocht] 24 januari is, terwijl ik begrepen had 24 februari. Volgens mij delen we allemaal zijn schrik vandaag. Gezien de ravage wijst niets erop dat deze groep daadwerkelijk controle heeft over de kou en over zichzelf. Onwillekeurig zoeken mijn ogen Wim. Wat beweegt die man in hemelsnaam?

Waar wil hij heen, en nog belangrijker, waar wil hij vandaan?

## 8

Ze waren uiteindelijk getrouwd, Olaya en Wim. Het waren de doordringende ogen van haar vader, stel ik me zo voor, die Wim uiteindelijk hadden doen zwichten. Pamplona was Amsterdam niet, daar werd gewoon getrouwd. Zeker als het meisje in kwestie in de problemen was gekomen. De eerste keer dat Wim in het ouderlijk huis van Olaya sliep, omdat hij haar helemaal naar Pamplona achterna was gereisd was nadat hij had gehoord dat zij een kind van hem droeg. Een bezoek dat Wim nooit meer zal vergeten. Op een dag werden ze tegen de ochtend opgeschrikt door een harde knal. Wim was meteen uit zijn bed gesprongen en naar de gang gesprint. Olaya kwam tevoorschijn vanachter een andere slaapkamerdeur: zwanger of niet, getrouwd waren ze nog steeds niet.

'Ga niet naar buiten,' smeekte ze Wim. 'Dit is niet iets wat je wilt zien.'

Met de bravoure van een jongeman van begin twintig rende Wim de trappen af. Het duurde enige minuten; het gebouw waar Olaya's appartement in was gevestigd, was wel acht verdiepingen hoog, ze hadden er samen op het dak gezeten.

Beneden op straat was het een ravage. Inferno. Een autobom had niet alleen het voertuig, met zo te zien minstens twee inzittenden, maar ook een deel van de straat uiteengereten. Wat Wim zag, was wat er na de scènes in oorlogsfilms kwam. Overal rook, zwarte rook, witte rook. En stank, een verschrikkelijke stank. Een jongeman was midden op straat in elkaar gezakt en zat wezenloos voor zich uit te kijken: zijn geest leek van schrik zijn lichaam verlaten te hebben. Mensen snelden naar de plek des onheils, er vormde zich een muur om de restanten van de auto heen.

Wim kon zich maar moeizaam van het tafereel losrukken. Pas toen Olaya's vader naar hem toe kwam en hem wegtrok, ontwaakte Wim uit zijn trance. Gedurende de rest van zijn verblijf was er niet veel tijd om bij het tragische voorval te blijven stilstaan. Daarvoor waren dergelijke tragedies in het Baskenland helaas te gewoon. Bovendien: het nieuwe leven dat zich aandiende en de bijbehorende bezegeling van hun verbond nam de kersverse geliefden algauw weer in beslag.

De bruiloft vond plaats in Amsterdam. Wim had voor de gelegenheid een jasje geleend en van de priester kreeg het bruidspaar, dat nog net niet op blote voeten verscheen, een stel gevonden ringen. Een onwaarschijnlijk koppel, dat voor hun huwelijk niet veel stabiliteit had gekend. Want het was niet alleen dat Olaya op onverwachte momenten kwam en dan weer uit zijn leven verdween. Wat Wim verontrustte, was wat hij in haar ogen zag: nu eens warm en uitnodigend, dan weer koud en kil. Maar de baby, ja, de baby zou alles veranderen. Het kindje was inmiddels geboren en Olaya hield hem op haar arm tijdens de gehele ceremonie. De zuigeling sloeg de blauwe oogjes naar zijn ouders op, een wondertje. Dit bloedmooie kindje met zijn exotische bloed en de heldere ogen in de kleur van de hemel nam elke twijfel weg. De ultieme bezwering tegen de donkerste schaduw moest dit toch wel zijn.

## 9

Dat er ook regelmatig een donkere nacht viel over Wims ziel, zoveel was inmiddels wel duidelijk. In deze nar, die het hof met zijn kunsten wilde wakker schudden, zoals het een echte clown betaamt, zat veel somberheid. Als hij weer eens door een donkere bui werd overvallen, zag je het aan hem, aan zijn ogen, aan hoe hij liep. Lang hoefde je er ook nooit op te wachten. Vaak volgde die somberte op een piek, juist na een inspanning, een prestatie, soms zelfs na een training.

We gaan weer naar buiten, de skihal uit, waar de temperatuur rond een aangename vijftien graden schommelt. Wonderlijk genoeg blijken we in staat om de rest van de fysieke training, die bestaat uit hardlopen tegen een rotsheuvel op en uiteindelijk eindigt met een duik in zee, af te ronden.

Of de concentratie deze keer wel goed werkt of dat de zee simpelweg nog niet koud is medio oktober weet ik niet, maar de duik in het water valt ons heel erg mee. Pas als ik van het strand wegloop, voel ik mijn voetzolen branden.

# VI

# STRAKS WORDT ALLES GRIJS

## I

Het is niet moeilijk te raden in welke literatuur ik me deze dagen het meest verdiepte. Verslagen van Kilimanjaro-beklimmingen waren er te over. Ook waren er verslagen van mensen die andere onverantwoorde dingen deden en hun pogingen vastlegden.

Zelden echter vertelde iemand *het verhaal.*

*Twee verhalen doen de ronde over hoe het is om de Kilimanjaro te beklimmen: de versie die de klimmers vertellen aan hun vrienden als ze eenmaal weer thuis zijn. Die variant heeft het voordeel de ander wellicht te inspireren om zelf op avontuur te gaan. Het andere verhaal is wat ze elkaar vertellen als ze de top bereikt hebben: deze versie heeft het voordeel waar te zijn'*, aldus Tim Moore, een journalist van *The Guardian* in zijn verslag van de tocht.

Zijn artikel had hij voorzien van de pakkende titel: 'Kilimanjaro? Nou, ik ging er bijna dood.' Ook Moore houdt het echter vooral bij een beschrijving. Journalisten laten het daar vaak bij en vergeten het verhaal.

Degenen die er het dichtst bij in de buurt komen zijn schrijvers, soms filmmakers, althans, zij doen een poging. Ze zoeken naar gebeurtenissen, ontwikkelingen die een mens het meest onrustig maken en veranderen die. Subtiel, onzichtbaar maar onherroepelijk herschikken ze de werkelijkheid en vervormen de herinnering. Ze veranderen de volgorde in het verhaal en gooien tijdlijnen door elkaar. Ineens lijkt het of het ene automatisch voortvloeit uit het andere, of er op geen enkel moment een andere keuze is geweest. Wat er gebeurt is het enige wat er had *kunnen* gebeuren, de protagonisten zijn slechts marionetten van het lot.

De schrijvers winnen altijd, de werkelijkheid vervliegt immers waar je bij staat. Wat blijft, is het verhaal. John Krakauer was nooit van plan geweest om de Mount Everest te beklimmen. Dat is althans wat hij beweert in zijn boek *Into thin air*, een verslag van een dramatisch verlopen poging in 1996. Hij zou aanvankelijk alleen maar meegaan naar het basiskamp en daar verslag doen van de onderneming van het daar aanwezige team. Hij was een ervaren klimmer die, sinds de komst van hun kind, aan zijn vrouw beloofd had om geen extreme klimpogingen meer te ondernemen. Daar, in het desolate kamp op bijna zesduizend meter hoogte, waar ze weken over gedaan hadden om het te bereiken, brak hij zijn woord.

Het was geen impulsieve beslissing. Hij vroeg zijn uitgever om het schrijfproject met een jaar op te schorten, zodat hij zich optimaal kon voorbereiden op de beklimming van de hoogste en dodelijkste berg van de wereld.

Het werd een tocht waarbij het ook voor Krakauer werd bevestigd dat geen mens zich er werkelijk op voorbereiden kan. Maar liefst acht personen hebben op de berg het leven gelaten op de dag dat Krakauer zijn klim naar de top volbracht.

Het was een boek dat ik van mezelf niet mocht lezen. Het zou mijn stressniveau maar onnodig opschroeven.

'Klimmen naar de top van de Mount Everest en dat op gloednieuwe, niet-ingelopen schoenen, kun je je dat voorstellen?' onderbreek ik A. bij wat het ook mag zijn dat hij aan het doen was, om uiting te geven aan mijn verbazing.

Het boekje ligt op mijn schoot. Nog een paar pagina's, dan heb ik het uit. Natuurlijk heb ik het boek ingekeken en werd vanaf pagina één gezogen in de waanzin van de

Mount Everestgroep, in de parallellen ervan met onze groep maar vooral in het noodlottige verloop van hun missie. Het meest schokkend vond ik nog de details. Ik deelde Krakauers ongeloof over de samenstelling van de groep en het gebrek aan ervaring bij zijn medeklimmers. Het enige criterium om mee te mogen gaan leek te zijn of je in staat was om de prijs van ruim zestigduizend dollar te betalen. Zo kon het dus gebeuren dat bij de eerste poging om van het basiskamp naar kamp één over te steken, het moment waarop je eindelijk ging bewijzen wat je daadwerkelijk waard was, een paar van Krakauers medeklimmers nieuwe schoenen en stijgijzers uitpakten alsof de beklimming der beklimmingen niets anders was dan een mooie kans om eindelijk al die mooie glimmende spulletjes uit te proberen.

We denken altijd dat extreme resultaten door halfgoden bereikt worden, maar keer op keer blijken het toch weer gewone mensen te zijn, klungelige mensen zelfs. Enerzijds geruststellend, want dat hield in dat het ons wellicht ook ging lukken, deze bescheiden bestorming van de hemel. Anderzijds een ontgoocheling, zouden ze dan daadwerkelijk niet bestaan, de halfgoden?

## 2

Ondertussen hadden we de handen vol aan onze eigen halfgod die telkens maar weer van zijn voetstuk bleef vallen, hoezeer mensen ook hun best deden om hem er telkens weer op te hijsen.

Wim Hof gaf in zijn doen en laten meer dan voldoende stof tot opwinding binnen onze groep. Bij elke training kwam het neer op een tal van onderwerpen dat steeds terug bleef komen. De documentaire, die al dan niet gemaakt ging worden. Het gebrek aan sponsoring van dezelfde documentaire. Andere projecten, stuk voor stuk gigantisch succesvol in potentie, als Wim nou eens een keer op kwam dagen. Een event, extra workshop, een optreden of een ander project dat heel groot beloofde te worden. Als Wim maar eens een keer over de brug zou komen.

De verwachtingen die mensen van een man als Wim hebben, zijn ongelooflijk hoog. De verwachtingen hebben niet zozeer betrekking op weer een nieuw record of een andere bovenmenselijke prestatie die Wim moet leveren, maar wat Wim mogelijk voor henzelf zou kunnen betekenen. De deceptie, als blijkt dat Wim na het tonen van zijn enthousiasme bij het horen van je idee alweer snel wordt meegezogen door een ander stel gebeurtenissen, is enorm.

Wat zien mensen in Wim? Niet alleen hun heler, maar ook degene die al hun andere problemen oplost: van het gebrek aan aandacht en liefde tot het uitblijven van succes of ronduit serieuze geldproblemen. Wim als de ultieme oplossing voor alles.

Grote verwachtingen voor een man die het liefst op sandalen of blote voeten rondloopt. Een man met een vrije, open geest, die in eindeloze mogelijkheden denkt. Maak die film maar, organiseer maar, schrijf dat boek maar, boek de vlucht maar. Hij heeft de overtuiging dat hij niet in al die plannen centraal hoeft te staan. Wim is ook zeker niet te beroerd om zijn steun aan al die projecten te verlenen, alleen vallen er weleens een paar van die afspraken op dezelfde dag, op hetzelfde tijdstip. Een agenda ontbreekt simpelweg, net als de wil om zich te voegen naar futiliteiten als de menselijke beleving van de tijd of andere beperkingen.

Zeer slechte eigenschappen in de wereld zoals wij die zien, maar zeker niet iets wat Wim verbergt. Hij is wat hij laat zien, een man in een vaal T-shirt die het liefst in de natuur verblijft. De voortdurende verbazing over het ontbreken van aansluiting van Wim op de wereld van agenda's, plannen en vergaderingen, een verbazing die zelfs nog in onze groep zo duidelijk aanwezig is, verbaast mij keer op keer.

Wij hebben hier toch bewust op ingetekend? 'Als je komt opdagen, kom je de berg op,' is de enige belofte die ik van Wim heb gehoord.

De prestaties van Wim mogen dan bovenmenselijk zijn, het betekent nog niet dat hij zelf bovenmenselijk is. In plaats van je te concentreren op wat Wim vertelt en wat dat voor jezelf betekent, vragen veel mensen zich af wat Wim voor hen kan betekenen.

Het gebrek aan sponsorgelden, het gedoe rond de film, ontmoetingen en afspraken waarvan Wim niet op de hoogte leek te zijn en waarbij hij niet op kwam dagen, het leek een paar van mijn groepsgenoten evengoed maar niet los te laten.

Wim blijft ondertussen zijn eigen bijzondere zelf. Nog niet één keer had ik meegemaakt dat hij gewoon ergens zit: hij loopt, klimt, maakt muziek, houdt een toespraak, staat op zijn hoofd of drinkt, net zo intensief en hartstochtelijk als dat hij alles doet, alleen zitten en zwijgen doet hij nooit.

Bestond er wellicht een soort handleiding, een 10-stappen plan hoe-om-te-gaan-met-lastige-goeroes die onze groep hier doorheen kon slepen? Tot mijn verrassing kwamen de woorden van wijsheid van niemand minder dan Boeddha, dacht ik. Het bleek dat Boeddha zelf een uitgesproken hekel had aan goeroes. Sterker nog, hij had een viertal adviezen over hoe je je spirituele (en misschien wel elke?) leraar moest bejegenen. Om te beginnen moest je op de bedoeling en de geest van de lessen vertrouwen, niet op de woorden. Dat was al meteen een heel goed advies, want hetgeen wat Wim wilde overbrengen kon je veel beter gewoon zelf ervaren, door simpelweg te doen wat hij zei. Daar, in het koude water of half ontbloot in een sneeuwstorm, ervoer je de controle en de kracht waar Wim het de hele tijd over had. Zijn uitleg kon soms enige verwarring scheppen, de uiteenzettingen waar hij de halve medische encyclopedie er met de haren bij sleepte en die hij ook nog eens onderbrak met oproepen aan niemand in het bijzonder of aan de hele wereld om zijn methode zo snel mogelijk te omarmen. Maar op het moment dat je zelf in het ijswater stond, wist en voelde je het: de geest van zijn lessen. De controle ja. De kracht. Alsook iets ongrijpbaars, dat Wim weliswaar in woorden probeert te vangen maar voor een buitenstaander de essentie van wat er hier gebeurde nooit en te nimmer zou kunnen vatten. Mensen zover krijgen dat ze het zelf ondergingen, dat is de allergrootste verdienste van Wim. Door hem stond ik uiteindelijk in het water, elke keer weer, en daar ontdekte ik waar hij het over had: het gebied voorbij het kunnen, waar het lichaam het overnam en deed waarvoor het gebouwd was. En met mij vele anderen.

Het tweede advies van Boeddha borduurde voort op het eerste: vertrouw op de lessen, niet op de persoonlijkheid van de leraar. Dat was zeker een goed advies, omdat de persoonlijkheid van Wim van het ene extreme in het andere kon schieten. Van extreme vrolijkheid naar een diepe somberheid; je kon je niet door zijn stemming laten leiden. In plaats daarvan moest je dus varen op zijn lessen en die hielden in dat elk mens alles in zich had om zelf de Kilimanjaro te beklimmen, dat je zelf in staat was om de controle over je lichaam te verkrijgen en dat je nog zoveel dieper kon gaan dan je dacht. De boodschap was de stabiele factor en niet Wim zelf, die zelden een geaarde indruk maakte.

Tot zover vond ik de lessen van Boeddha heel nuttig. Ik wist nog niet zo goed wat ik aan moest met zijn volgende advies: 'Vertrouw ten derde op echte wijsheid, niet op oppervlakkige interpretatie' en met het laatste advies: 'Vertrouw ten vierde op het wezen van je pure geest van wijsheid, niet op waarnemingen vol vooroordelen'. Nou ja, ik wist heus wel wat vooroordelen waren en dat het beter was om die niet te hebben en er niet naar te leven, maar wat die diepere wijsheid dan was?

'Echte wijsheid' stond dat niet gelijk aan 'de waarheid'? Ook hierbij moest je je niet door oppervlakkige interpretatie laten afleiden maar juist een stap terugnemen, jezelf een wijdere blik aanmeten en een houding die de dorpswijsheid overstijgt. Echte wijsheid is niet meteen je mening vormen, maar vragen blijven stellen, accepteren die je soms een verkeerd pad neemt, teruglopen, van voor af aan beginnen, nieuwe vragen stellen, antwoorden zoeken, falen en opnieuw beginnen, want je hebt immers net een waardevol inzicht op gedaan, welke weg niet meer in te slaan...

Maar goed, als die pure wijsheid dan waarheid is, heeft die volgens Boeddha ook nog eens een pure geest. Die je niet moest laten vertroebelen door je waarnemingen vol van vooroordelen.

Het duizelde me inmiddels van de diepte of van mijn eigen gebrek aan spiritueel inzicht en ik besloot om voorlopig maar zo weinig mogelijk ergens van te vinden.

## 3

Je zou willen dat een dergelijke, net ontdekte wijsheid voldoende was om alle uitdagingen binnen onze groep het hoofd te bieden, maar helaas. Onze groep Kilimanjaro-beklimmers had zo zijn eigen dynamiek. Veel liefde, knuffels en ongekende kracht en energie, zeker, maar ook talloze emoties, verwachtingen en meningen. De chaos groeide met de dag en daarmee ook de hoeveelheid energie die nodig was om de boel weer glad te strijken. Temeer omdat er altijd wel iemand was die op hetzelfde moment de boel de andere kant op streek. De eigenwijsheid in onze groep bleek telkens zo groot en halsstarrig dat elke onschuldige suggestie, verstuurd per mail, of gedaan tijdens een van onze ontmoetingen, algauw uitmondde in een tsunami van tegenvoorstellen, aanpassingen, verwerpingen, en vooral in een groeiende berg van misverstanden die wekenlang in de onderlinge communicatie terug bleven komen. Hier heerste een geheel eigen logica: het was erg lastig om onze gewoontes (alles van tevoren minutieus plannen) en overtuigingen (dat je met gezond verstand het verst komt) los te laten.

We zaten in de knoop met Wim, we zaten in de knoop met elkaar en we zaten in de knoop met onszelf, heen en weer geslingerd tussen het gevoel onoverwinnelijk te zijn en het vermoeden de grootste stommiteit van ons leven te begaan.

Er waren maar een paar mensen in de groep die er enige greep op leken te hebben en de Brandweerman was een van hen. Zonder veel ophef bluste hij alles. Als een van de weinigen wist hij de chaos die Wim altijd omringde, te beheersen. Het was de Brandweerman die alle logistiek regelde en ons op een wonderbaarlijke manier één kant op wist te sturen.

Dat was niets minder dan een wonder, gezien de samenstelling van de groep. Zo was de laatste aanwinst van de groep de Sjamaan. De Sjamaan had de meest uiteenlopende trainingen gevolgd op het gebied van meditatie, yoga en zen, plus de workshops van de populairste goeroes van het moment. Nog voordat ik dat allemaal wist, rees bij mij het vermoeden dat hij een van die schaarse mensen was die om zes uur hun bed uit stappen, een handvol zaden nuttigen, die wegspoelen met een glaasje tarwegrassap en zich voor de rest voeden met diepe ademteugen frisse lucht en de energie die wordt uitgestraald door al wat leeft. De Sjamaan liep altijd rechtop, schouders licht naar achteren, kaalgeschoren hoofd.

Op basis van zijn eigen ervaringen bleek hij inderdaad zelf een methode te hebben ontwikkeld, een combinatie van yoga en meditatie en het nalaten van zaken. Eigenlijk was de Sjamaan op het eerste gezicht het prototype goeroe zoals ik me die in vroeger dagen zou hebben voorgesteld: beheerst, koel en kalm. Een grotere tegenstelling met Wim kon er haast niet zijn. De Sjamaan stond symbool voor wat ik als het summum van discipline zag, voor een leven waarin je je dagelijks laaft aan je innerlijke rust en de emoties die je overspoelen van een afstandje aanschouwt, als die in een vallei vallen waar jij ver boven uittorent. Hij stond symbool voor een leven waarin je je stem nooit verheft, waarin er nooit te weinig tijd is om naar de verhalen van je kinderen te luisteren, waarin je bij wijze van ontspanning heel bedachtzaam, met optimale aanwezigheid, de was opvouwde. Maar vooral was hij een herinnering aan alle glazen spinaziesap-met-ei die ik zelf níét gedronken had.

Naast het ontwikkelen van een eigen methode was de Sjamaan ook komen opdagen met een eigen schare volgers. Mensen die op hun beurt de Sjamaan-methode aan het leren waren. Een programma dat volgens de Sjamaan overigens een prima aanvulling was op de Wim Hof-Methode. Het maakte het er allemaal niet harmonieuzer op.

Dan was er nog de Arts, die al sinds dag één als het medisch geweten van de groep fungeerde. Hoewel telkens werd benadrukt dat hij in geen enkel opzicht onze expeditiearts was, was het evident dat hij de meeste professionele schade zou oplopen, mocht er iets misgaan. Hij verdiende groot respect voor het feit dat hij bereid was om als een van de pioniers de deuren van de Kathedraal open te gooien en als een van de eersten de zo verguisde Bazaar te betreden. Zijn vrees voor zijn positie was natuurlijk ook meer dan gegrond. Het aantal desastreus verlopen casussen dat over ons uitgestrooid werd stapelde zich verder op naarmate de tijd verstreek. Een paar weken voor vertrek wisten we het echt wel. Bloed ophoesten: slecht teken. Schuim om je mond: heel slecht teken. Al zijn adviezen bij elkaar, aangevuld met de zorgen van mijn schoonmoeder, die met de dag groeiden, waren meer dan terecht. Het bloed van Senior dat straks op de berg met elke meter stijging dikker werd... Ik hield mijn hart vast. Evengoed hadden we geen mails meer nodig, geen foto's, geen artikelen om ons daarop te wijzen.

De Journalist legde alles nog steeds vast, zijn eigen reis in ieder geval, en deed manhaftig zijn best om een rationele kijk op het gehele proces te behouden en zo weinig mogelijk meningen te hebben. Zijn missie was het algoritme te kraken en niets minder. Zo met ontbloot bovenlijf rennend door bevroren bossen zou je het makkelijk vergeten, maar ons groepje was natuurlijk voor een deel behoorlijk gammel: Senior met zijn hartproblemen, de Smid met zijn reuma die mogelijk, waarschijnlijk, zijn lijf niet volledig had verlaten. Wat voor een film zou dit worden? De Journalist zelf, de kanker al in zijn botten. Was de richtlijn niet om zijn lijf zo veel mogelijk te ontlasten?

## 4

'O nee!' roep ik onwillekeurig.

'Wat is er?' vraagt A., die opschrikt van zijn werk.

Ik ben verder aan het lezen in het boek van Krakauer, waar het ene expeditielid na het andere het leven laat. Vooralsnog was Krakauer de enige ervaringsdeskundige bij wie ik te rade kon gaan en hij maakte er geen geheim van dat de omgang met zijn teamgenoten belangrijk voor hem was. In zijn geval was het ook letterlijk een kwestie van leven of dood, daarboven op de Mount Everest. Hij biechtte in zijn boek op dat hij al zijn medeklimmers had getaxeerd op hun kans van slagen. Wie gaat het redden als de pleuris uitbreekt? Maar ook: op wie kan ik rekenen als de pleuris uitbreekt? Voor wie waag ik mijn leven als de hel losbreekt?

Onwillekeurig gaan mijn gedachten naar Senior. Gaat hij het redden? Ik doe mijn best om mijn zorg niet voortdurend uit te spreken. Het allerergste wat je in dit stadium kunt doen, is iemand het gevoel geven dat hij het niet zal redden. Zeker als je daarmee geen enkele invloed op zijn beslissing uitoefent.

En dan nog. Misschien zijn er ergere dingen dan een mogelijk ongeval op de berg. Het is niet iets wat ik graag op een familieverjaardag zou verkondigen uit respect voor mijn schoonmoeder en haar zorgen, die zo terecht zijn en gestaafd worden door de zoveelste verklaring van een arts die Senior deze beklimming ten zeerste afraadt en die de risico's ervan bevestigt. Maar misschien is niet gaan veel erger. De afkeer om nu al achter de geraniums te gaan zitten snap ik heel goed. De keuze om op je vijfenzestigste het leven in alle volheid te leven lijkt me bewonderenswaardig. Juist omdat het van je omgeving niet meer hoeft. Sterker, het wordt je van alle kanten ontraden! Je hebt je leven geleefd, geniet er maar van, kijk tevreden terug op alles wat je bereikt hebt. Ga genieten, maar zonder al te veel onverwachte bewegingen.

Zeg je daarmee niet dat het voorbij is?

Dit randje waar we ons met z'n allen op begeven vanaf het moment dat we besloten hebben om deze berg te beklimmen, dit randje dat ons hart tekeer doet gaan, de angst waar we elke keer weer doorheen breken, de drang om de groep te verlaten, gillend weg te rennen, de klim af te blazen, al die dingen waar we keer op keer niet aan toegeven: het doet ons uit de cocon breken, het dwingt ons die comfortzone te verlaten. Nieuwe vergezichten, nieuwe mensen, maar bovenal kom je jezelf daar tegen. Ik snap en respecteer de beslissing van Senior en al acht ik het evengoed niet verstandig, gemeten langs de 'Krakauer-meetlat' van mensen voor wie ik op de berg goed mijn best zou doen, doet hij het in ieder geval erg goed.

Mijn ogen keren terug naar het boek van Krakauer. Dat het noodlot bij hem pas toeslaat vele meters hoger dan wij überhaupt zullen eindigen, schept niet de gewenste afstand tot zijn vertelling.

'Nou, deze man, die hebben ze voor dood achtergelaten in de buurt van de top... Bij de controle was hij bewegingloos, zijn netvliezen bevroren... Maar hij leefde nog! Ze hebben hem laten liggen en iemand anders gered, maar die ander is doodgegaan en de eerste, de zombie die reeds afgeschreven was, is gewoon op eigen kracht het kamp weer in komen lopen!'

Verdwaasd kijkt A. me aan. 'Wat wil je nou zeggen?'

'Dat het allemaal anders ging dan ze hadden bedacht.'

# VII

# DE SCHAT EN HET KRONKELPAD

## I

Los van de omvang en hopelijk ook los van de afloop van Krakauers tocht, was er nog een heel belangrijk verschil tussen zijn avontuur en het mijne. Waar Krakauer zich voor zijn beklimming maandenlang van zijn gezin afgezonderd had, liepen de maandenlange voorbereidingen in mijn geval (voor iedereen in de groep trouwens) kriskras door mijn dagelijks leven heen. De kinderen mochten inmiddels uit de luiers zijn, nieuwe ontwikkelingen kwamen ervoor in de plaats. School, sportclubjes, speelafspraken, feestjes, de logopedie, de fysiotherapie, oudergesprekken, alles ging gewoon door, en dat waren nog de rustige weken. Daarnaast had je de weken waarin ziekte of andere calamiteiten het wankele evenwicht verstoorden of de herfst-/mei-/kerstvakantie. Om maar te zwijgen van de talloze andere vrije dagen, vrije ochtenden dan wel studiedagen – dat zijn de dagen waarop de leerkrachten naar school gaan en de kinderen dus niet – die eerlijk gezegd, ondanks een uitgeprinte agenda waarin al die heugelijke gebeurtenissen toch echt in verschillende kleuren genoteerd stonden, altijd weer uit de lucht leken te vallen. Ik dankte de hemel voor de andere ouders, die het allemaal een stuk beter onder controle leken te hebben (misschien ook niet allemaal afzonderlijk; gezamenlijk kwamen we echter een heel eind) en nooit te beroerd waren om een handige tip te delen of op een aanstaand hiaat in de normale planning te wijzen. Waardoor het (bijna) allemaal (bijna) altijd wel goed liep en er genoeg tijd overbleef voor datgene waar we juist heel goed in waren. Dat was knuffelen, heel veel knuffelen, films kijken waarvoor ze de adviesleeftijd nog lang niet bereikt hadden, maar die volgens mijn inschatting een veel betere bijdrage leverden aan hun algemene begrip van de wereld om hen heen dan het aanbod van een gemiddelde kinderzender en veel dingen bouwen, maken of zelf verzinnen.

Ook het werkende leven stond niet stil. De 1%Club, hoe jong ook, moest in deze weken en maanden de koers flink aanpassen. Veranderingen, hoe nodig en goed onderbouwd ook, zijn zelden of nooit makkelijk en ook de 1%Club vormde daarop geen uitzondering. Beslissingen hebben consequenties en we wilden graag de goede keuzes maken, op grote maar ook op kleine schaal.

Hoe bepaal je de richting?

Het helpt niet dat het enige vaststaande gegeven de verandering zelf is. Het tempo waarin onze wereld verandert is duizelingwekkend. Wat ook niet helpt is dat mijn werk voor een deel juist bestaat uit het speuren naar en volgen van de nieuwste ontwikkelingen en innovaties die ons leven op korte termijn ingrijpend gaan veranderen. Zo zal de opkomst van het 3D-printen ingrijpende gevolgen hebben voor de manier waarop we producten vervaardigen en onze logistieke systemen op hun kop zetten. Het gegeven dat we binnenkort schone energie decentraal gaan opwekken en opslaan (en dat deze energie na de initiële investering nagenoeg gratis zal zijn), zal het wereldwijde beheer van energiebronnen ingrijpend veranderen en daarmee een totale machtsverschuiving veroorzaken. Internet, dat al een totale revolutie in de uitwisseling van informatie teweeg heeft gebracht, zal ook in de volgende fase de drager zijn van bovenstaande ontwikkelingen.

Zo zit ik op een gemiddelde conferentie regelmatig naar 3D-geprinte, bewegende armprotheses te kijken die voor een schijntje van de normale kostprijs van een vergelijkbare prothese te produceren zijn. Of ik luister naar een lezing over hoe we met behulp van de stroom beschikbare informatie onze steden slimmer kunnen maken, met wegen die alleen verlicht worden als iemand ze daadwerkelijk gebruikt of gebouwen die verwarmd worden naar gelang de daadwerkelijke behoefte. Voor al deze ontwikkelingen geldt: ze worden overschat op de korte termijn (het straatbeeld is, op de mobieltjes na, niet zo gek veel veranderd ten opzichte van vijftig jaar geleden) en steevast onderschat op de lange termijn. Het zal zijn tijd nodig hebben én het zal sneller gaan dan we denken.

Hoe bepaal je een richting? Het begint altijd met het vaststellen van een doel. Vervolgens dien je op zoek te gaan naar de efficiëntste (het beste gebruik van de middelen die je tot je beschikking hebt) en ook de effectiefste (doe ik wat ik moet doen om het doel te bereiken?) manier om daar te komen.

Het is me inmiddels duidelijk dat we veel meer tot onze beschikking hebben qua mankracht, expertise en andere middelen dan ooit tevoren. We kunnen sneller kennis met elkaar uitwisselen dan ooit, meer mensen mobiliseren dan ooit, en we kunnen beter dan ooit tevoren vaststellen welke handelingen het meeste effect sorteren. Hierdoor ontstaat er een grijpbare vorm van gezamenlijke intelligentie. Het is fascinerend om uit te puzzelen hoe we dit soort systemen het best kunnen optuigen. Het liefst ook zo snel mogelijk, want er zijn zoveel problemen in de wereld die om nog betere oplossingen vragen: klimaatverandering, met droogte en overstromingen als gevolg, dreigende voedsel- en drinkwatertekorten en andere grondstoffen die opraken en onvermijdelijk tot migratiegolven en conflicten leiden.

De hele wereld gonst van de mensen die met dergelijke vraagstukken bezig zijn. In feite is zo'n oplossing-genererend systeem natuurlijk ook niet heel anders dat het 'waarschuwingssysteem' waarmee wij als ouders elkaar op de hoogte houden van de relevante schoolzaken door elkaar simpele groepsberichtjes te sturen. Het zijn verzoeken om kleine en grote oplossingen, antwoorden en informatie die uitgewisseld worden, systemen die de antwoorden ordenen op relevantie. Door een beroep te doen op werkkracht buiten je eigen clubje, je onderzoeksgroep bijvoorbeeld, kun je je eigen werk in een stroomversnelling doen belanden. Met als resultaat sterrenstelsels die in een rap tempo in kaart worden gebracht en ingewikkelde DNA-reeksen die in een tijdsbestek van weken (in plaats van jaren) worden ontcijferd.

Al die kansen en mogelijkheden zijn zo duizelingwekkend dat ik me simpelweg niet kan voorstellen dat er nog professionals rondlopen die niet stuiteren van enthousiasme door alle mogelijkheden die deze nieuwe tijd met zich meebrengt.

## 2

Twee weken na de diagnose mochten we bij de Hogepriesteres langskomen. Het liquoronderzoek had een week eerder plaatsgevonden. Dit was de eerste afspraak sinds de diagnose, de lumbaalpunctie en de miskraam.

Er stonden tien minuten voor dat gesprek.

Zonder al te veel illusies wachtten we de uitslagen af, in mijn hand een lijst met ruim dertig vragen. Het mislukken van de zwangerschap (die dit bepaalde medicijngebruik uitsloot) had de vraag over het gebruik van medicatie weer op tafel gebracht en daar hadden we toch best wat vragen over. A. had de vragen zorgvuldig uitgeschreven, zoals op de website van de patiëntenvereniging werd geadviseerd. De meeste vragen gingen dan ook over de werking en de bijwerkingen van de medicijnen. Wat de werking betrof: de belofte van het medicijn was op zijn zachtst gezegd ontnuchterend. Statistisch voorkwam het een derde van de MS-aanvallen, zoals het uitvallen van een lichaamsfunctie (in mijn geval het zicht). Het verloop van de ziekte beïnvloedde het echter niet.

Voor dit magere resultaat moest je ook nog het een en ander doen. Het medicijn, dat voornamelijk bestond uit kunstmatige eiwitten bedoeld als een afleidingsmanoeuvre voor de op hol geslagen immuuncellen, diende een tot drie keer per week ingespoten te worden. Dat op zich was een belangrijk gegeven, want de onschuldigste bijwerking van de lijst – de griepverschijnselen – vertaalde zich bij een bepaalde groep patiënten in een algeheel gevoel van onvermogen om uit bed te komen op de dag nadat de medicatie ingespoten werd. Dat was dus, afhankelijk van het medicijn, een tot drie keer in de week. De helft van een leven werd aldus ter plekke ingeleverd. Dan waren er nog de andere bijwerkingen: angstaanvallen, afwijkend bloedbeeld, verandering in bloedwaardes zoals verhoogde leverenzymactiviteit, depressie, emotionele labiliteit, griepverschijnselen (onder andere koorts, rillingen, transpireren, zwakte), ontstekingen en pijn op de injectieplaats, overgevoeligheidsreacties, ernstige persoonlijkheidsveranderingen, depersonalisatie, spierschokken en -krampen, verwardheid, zelfmoordneigingen.

Van de andere bijverschijnselen vond ik 'depersonalisatie' nog het meest fascinerend. Afgaande op wat de shock van de diagnose alleen al met me had gedaan, kon ik voor mezelf rustig vaststellen dat de medicatie me niet in een heel geduldig, begripvol, liefdevol mens zou veranderen. Waarschijnlijk was het eenzelfde soort depersonalisatie als ook een dement persoon ten deel viel. 'Wegen deze bijwerkingen op tegen de voordelen?' vroeg ik.

'Hoe eerder je ermee begint, hoe minder invaliditeit,' zei de neurologe en ze liet me nogmaals de grafiek zien met een heel duidelijk verband tussen de mate van invaliditeit en het moment waarop je met de medicatie aanving. Hoe eerder je begon, hoe minder invaliditeit na tien, twintig, veertig jaar. Vroeg gebruik was het groene deel van de grafiek, laat gebruik het rode. Duidelijker kon niet.

'Maar deze medicatie, die is toch pas tien jaar op de markt?' vroeg ik.

'Klopt.'

Ik keek nog een keer naar de grafiek en het viel me nu pas op dat er 'Theoretisch model' boven stond.

'Hoe meten jullie de voortgang van de MS en of de medicatie daadwerkelijk helpt? Komt er nog regelmatig een MRI-scan?' vroeg ik. Meten is immers weten; daar is juist de Kathedraal leidend in!

'Nee. Dat heeft geen waarde voor het populatieonderzoek.'

'Dat heeft geen waarde voor...' Even was ik van de wijs gebracht. Wat? Ik was op dat moment voornamelijk geïnteresseerd in informatie die betrekking had op de verslechtering dan wel verbetering van mijn eigen toestand, mijn eigen data. Hoe groot mijn liefde voor de medemens ook was, met mijn voorliefde voor wereldwijde samenwerking en zo, de eerlijkheid gebiedt te zeggen dat op die bewuste dag de populatie me gestolen kon worden. Informatie wilde ik, metingen, data.

Inzichten die ik met alle liefde met de rest van de wereld wilde delen. De mededeling dat ik heel ingrijpende medicatie tot me moest nemen en dat het effect dat het nauwelijks op me had in kaart gebracht ging worden, op een paar kwalitatieve lijsten na (wat slechts een registratie was van een zichtbare en aanwijsbare aftakeling), vond ik ongelooflijk.

'We hebben gelezen dat de medicatie tegen MS ontwikkeld wordt op basis van studies bij muizen die kunstmatig beschadigd zijn om zo MS-symptomen te ontwikkelen. Kunt u ons daar iets meer over vertellen?' De Hogepriesteres raakte zichtbaar geïrriteerd.

Ik kende haar blik, die ik al sinds mijn kleutertijd herken. De blik bestemd voor het meisje dat niet weet waarover ze praat. Het meisje dat veel te veel vragen stelt en op alles meteen een antwoord verwacht.

Het was geen goed begin van het gesprek en dat was nog maar de eerste vraag van ons lijstje. Wat was het grootste verschil tussen de vier typen medicatie die werden voorgeschreven bij MS? Waar kon ik gegevens vinden over de werking ervan bij verschillende groepen patiënten (oud, jong, man, vrouw, progressief verloop, rustig verloop)? Hoe werden de medicijnen precies getest? Het was niet de bedoeling, maar zowel A. als ik was niet in staat om onze emoties volledig onder controle te houden. We moesten dit allemaal weten en zij was het die de toegang tot de codes had, die wist wat er met IFN-bèta, IFNB, Ifb, en meer van zulks bedoeld werd. Strontvervelend waren we.

Tot voor kort was haar wereld hermetisch afgesloten voor ons, de leken. Die wereld pretendeerde misschien wel open te zijn, met bibliotheken waar je in en uit kon lopen, in werkelijkheid was hij echter opgesloten in gebouwen en codes, vol obstakels, achter tolpoortjes waar duur betaald moest worden voor elk stukje informatie. Met mensen buiten de wereld werd niet of met tegenzin gesproken over het behandelplan.

Internet veranderde dit al, het gaf iedereen een inkijkje in de ogenschijnlijk oneindige, onsamenhangende zee aan onderzoek en gegevens, ook mij, de leek. Moeizaam ploeterden A. en ik door bergen informatie heen en langzaam maar zeker kregen al die afkortingen een betekenis. Maar al begrepen we wat er stond, toch bleef het moeilijk om een onderzoek op betekenis of waarde te schatten. De experts zelf waren het er ook lang niet over eens hoe er gehandeld diende te worden in elk afzonderlijk geval. Zowel het ziekenhuis van Maastricht, het AMC, als het VU-ziekenhuis hanteerde een ander beleid bij het voorschrijven van medicatie tegen MS dan mijn ziekenhuis. Daar werd, indien de tweede MS-aanval korter dan vierentwintig uur geduurd had, een afwachtende houding aangenomen ten opzichte van het voorschrijven van medicatie. Dit versterkte me weer in mijn eigen afwachtende houding met betrekking tot het gebruik van MS-medicatie.

Het was een labyrint, een ondoorgrondelijk stelsel van gangen, kennis en motieven waarbinnen ook de experts het lang niet over alles eens waren. Terwijl ik zo oprecht en wanhopig wilde weten wat ik zo meteen in mijn lichaam zou spuiten en waarom ik het in mijn lichaam moest spuiten. Juist door die onbedwingbare bergen aan informatie hadden wij iemand nodig als gids.

'De tijd is om,' zei de Hogepriesteres.

## 3

Een van de plekken op internet die ik als een waardevolle bron van informatie ging beschouwen was de webpagina Patients like me, waar duizenden patiënten de ontwikkelingen rondom hun ziekte bij konden houden. Dat konden verschijnselen zijn waar men last van had, maar ook de reguliere en alternatieve behandelingen die men onderging. Zo kon je op individueel niveau het verloop van de ziekte bij jezelf volgen. Daarnaast was het ook inzichtelijk welke medicatie welk effect op de verschillende patiënten had en welke alternatieve behandelingen verlichting konden brengen voor de meest uiteenlopende symptomen van de ziekte waar je aan leed. Voor de reguliere medische stand was deze informatie niet valide; zoals vaker bij grote aantallen gegevens (ook wel big data genoemd) kun je weliswaar vaak een samenhang ontdekken, maar dat betekent niet automatisch dat het een uit het ander volgt (dat medicijn A daadwerkelijk beter werkt dan medicijn B). Een reguliere arts zal daarom dit soort gegevens niet meewegen bij het opstellen van een behandelplan. Voor mij als individu echter, mocht mijn toestand ooit zodanig verergeren dat de beschikbare medicatie in mijn ogen alsnog de beste keuze blijkt te zijn, zal deze informatie zeker meewegen in mijn keuze voor een van de medicijnen. Naast het advies van mijn arts en mogelijk een second opinion, zal ik zeker Patients like me bezoeken om na te gaan welk medicijn het meeste voordeel heeft opgeleverd, gebaseerd op de ervaringen van duizenden vrouwen van ongeveer mijn leeftijd, met een vergelijkbaar 'MS-profiel'.

Zo kwam het dat ik, die in mijn werkzame leven aan een platform werkte dat toegang tot geld of kennis moest bieden aan mensen die dat normaal gesproken niet hadden, aan de ontvangende kant belandde, zelf wanhopig op zoek naar redding. In mijn geval waren dat kennis en antwoorden. Meer dan ooit raakte ik ervan overtuigd dat dergelijke platforms een grote bijdrage kunnen leveren aan een betere gezondheid van patiënten. En dat als het aankwam op versnellen en toepassen van inzichten die het MS-onderzoek verder konden helpen, dit nog maar het topje van de ijsberg was.

## 4

Het was wellicht logischer geweest dat ik op dit moment in mijn leven mijn energie had gestoken in het bouwen of ondersteunen van een platform zoals Patients like me, dat medisch onderzoek vooruit zou helpen en de sleutelfiguren zou verleiden om op een innovatieve manier (met behulp van de kennis en gegevens van de 'leken' bijvoorbeeld) sneller, goedkoper en toegankelijker tot een oplossing te komen. Een stuk logischer dan een onherbergzame berg beklimmen met een bont groepje avonturiers.

Maar dat kon ik niet.

Het duurde lang voordat het stof dat de diagnose had doen opwaaien, weer was gaan liggen. Als je aan het verdrinken bent, denk je niet aan het bouwen van een nieuw, onzinkbaar schip. Een drenkeling heeft maar één wens en dat is vaste grond onder zijn voeten.

Hoe ik dat weer voor elkaar moest krijgen was me niet duidelijk, het was een zoektocht, ver van de technologische hoogstandjes, maar juist dicht bij een kampvuur waar de verhalen nog gewoon werden verteld, op de ouderwetse manier, aan wie het horen wilde. Het vaakst, uiteraard, door Wim zelf.

"'De allergrootste schat, het antwoord op alles, waar zullen we dat verstoppen?" vroegen de goden zich af, tezamen in een kring gezeten. "In de diepste zee?"

"Nee, de mens vindt wel een manier."

"In de diepste kuil?"

"Nee, de mens zal graven. Hij blijft graven, tot er niks meer is."

"Op de allerhoogste berg?"

"Nee, de mens zal stijgen, leert zichzelf vliegen, ook daar is het niet veilig."

"Er is wel één plek waar de mens nooit kijken zal. Dat is diep in hemzelf."'

De oplossing, de schat, de sleutel, die ligt in onszelf. En ligt de grootste belofte niet in de toegang tot elkaars sleutels? Zelfs de briljantste geest zal in zijn eentje de wereld niet kunnen veranderen. Hij zal voedsel nodig hebben, wegen om zich over te verplaatsen, een computer, elektriciteit, internet om zijn kennis met anderen te delen. Voor alles zijn en middelen en expertise nodig, en de bereidheid die te delen. Samen weten we alles, kunnen we alles. Zonder elkaar zijn we niets.

# 5

Altijd al is er dat vermoeden geweest dat er mogelijk meer is in onze wereld dan elke dag via de verschillende mediakanalen op ons afkomt. Niet alleen de media, alles waar je als moderne mens je handen op legt, elk gebouw dat je bezoekt, komt met een boodschap. Doe dit aan. Behaal je diploma. Krijg een goede baan. Er is weinig wat je vandaag gaat zien wat niet 'bedacht' is, zeker niet als je in een stad woont. In een land als Nederland is zelfs de aanwezigheid van een boom waar je blik op rust niet toevallig. Er is over nagedacht, er zijn discussies gevoerd over hoeveel bomen het dan wel moeten zijn. Net zoals er mensen zijn die bepalen hoe jij erbij moet lopen en die er grof geld aan verdienen als ze je weten te verleiden tot het aanschaffen van product X en het omarmen van auto Y.

Als je het eenmaal ziet, dringt het tot je door hoe godsgruwelijk moeilijk het is eraan te ontsnappen, aan deze 'culturele ingenieurs' die je willen omvormen tot een halve zombie, die maar één motto hebben: 'het consumeren van al dit afval dat geproduceerd wordt uit de botten van een stervende wereld.'

Een heel simpele manier om deze stelling te testen is om één ding in je leven vandaag anders te doen. Stel, je gaat op je werk voor een andere lunch kiezen, misschien heb je je boodschappen bij de biologische winkel gedaan of je eet een salade. De kans is groot dat je beslissing niet onopgemerkt zal blijven. Jouw keuze heeft gevolgen voor een ander. De een zal het als een aanklacht ervaren tegen het eigen gebrek aan discipline, zoals ik het ook bij de Sjamaan ervaar. De ander ziet er een aanleiding in voor een vernederende grap. Als wezens in een voortdurende staat van verandering hebben wij een uitgesproken hekel aan alles wat afwijkt en een diepe hang naar stabiliteit en vasthouden aan datgene wat we kennen. En deze groep die half ontbloot door bossen en langs stranden trok, was nogal afwijkend. In wezen was het vrij onschuldig: een groep mensen die, met minder kleren maar evengoed binnen de grenzen van het fatsoenlijke, door de kou willen lopen. Wie kon er last van hebben?

Vrijwel iedereen die we tegenkwamen, naar het bleek. Of ze er echt last van hadden, weet ik niet, maar een mening hadden ze zeker.

## 6

Ook minder extreem ogende veranderingen, zoals het verbreden van de manier waarop we onderzoek doen, vergen veel inspanning van alle betrokkenen. Voor het opzetten van de 1%Club was mijn eigen leven, dat – tegen alle verwachtingen in – zo'n goed gelukt broodje bleek te zijn, een heel goed startpunt geweest. Zij die het goed hebben, dienen te zorgen voor hen die buiten de boot zijn gevallen. Om je daarentegen als patiënt in een discussie te mengen over hoe de gezondheidszorg beter geregeld kon worden lag een stuk lastiger. Om te beginnen was de patiënt zelf degene die buiten de boot lag te spartelen. Voor mij was dat niet anders.

Dat een groot deel van dat gespartel in mijn hoofd plaatsvond, was waarschijnlijk de voornaamste reden dat ik op dit deel van mijn pad naast Wim liep. Dat waren ook de momenten dat het zorgen voor de mensen die buiten het bootje waren gevallen, het veranderen van de wereld, het creëren van een wereld waarin iedereen bij mocht dragen, waarin iedereen mocht ontvangen, ja, de revolutie, naar de achtergrond verschoof om ruimte te maken voor deze uitdaging en het zoeken. Een tocht die je alleen ongeschonden zou volbrengen met honderd procent focus, honderd procent commitment.

Gelukkig was een revolutie nooit ver weg; met Wim als de verpersoonlijking van de omwenteling die hij zelf voor ogen had. En die had zo zijn eigen redenatie en onderbouwing. Zoals vaker wanneer een radicale verandering aan ons voorgesteld wordt – schaf het eigendom af, of plak juist op alles een prijskaartje, dan wel dat het ultieme pad naar gezondheid juist leidt via kou, ademhaling en mentale concentratie – grijpt de argumentatie terug op een aspect van het menselijk wezen ons zo eigen dat je er moeilijk iets tegenin kan brengen. Het argument voor het kapitalisme was en is onze aangeboren hebzucht. Door onszelf te dienen, dienen we uiteindelijk de ander. Net zo goed is het pleidooi voor altruïsme eveneens dat het aangeboren gedrag betreft, zoals de befaamde bioloog Frans de Waal ons met zijn 'kijk-maar-naar-de-gorilla's' keer op keer voorhoudt. Wim Hof bepleit op zijn beurt de terugkeer naar de oermens, die er heus nog wel ergens schuilt in ons allemaal en die we weer moeten leren omarmen. De moderne mens is te dik gekleed, beweegt zich voort van de ene verwarmde ruimte naar de andere en is verslaafd aan een temperatuur rond de eenentwintig graden. Dit is geen natuurlijke toestand. Fysiek zijn we in staat om veel meer ongemak en kou te omarmen dan we ooit van onszelf vermoed hadden, aldus Hof.

Hij komt hiermee op zijn eigen manier in opstand tegen de wereld die we gecreëerd hebben. Hij heeft ook een helder beeld van hoe de wereld zou moeten zijn. Terug naar de natuur! We moeten weer ontwaken! Loop je naast Wim, dan ben je onderdeel van de herontdekken-van-al-wat-in-ons-verscholen-ligt-revolutie.

Inmiddels ben ik het wel met Wim eens dat we als mens tot veel meer in staat zijn dan we denken, dat grenzen flink opgerekt kunnen worden. Tientallen mensen heb ik al door de sneeuw zien ploeteren zonder dat een van hen zelfs maar verkouden raakte.

Tegelijkertijd ben en blijf ik ook heel erg fan van de wetenschap. 'Jongens, er gaat iets niet goed. We bewegen voldoende en we eten alleen maar biologisch, maar toch wordt niemand van ons ouder dan dertig,' zegt de ene holbewoner tegen de andere in een cartoon die ik ooit in een krant zag. Onze hoge levensverwachting hebben we toch echt te danken aan de vooruitgang, de beschutting van onze huizen, de beschikbaarheid van voedsel en, jazeker, de toegang tot de medische wereld, waar we zo regelmatig op foeteren binnen deze groep.

## 7

Terugkeren naar de oermens was in mijn ogen niet voldoende om ons van alle kwalen te verlossen. Zelfs wanneer je onomstotelijk zou aantonen dat je blootstellen aan de kou het beste is wat een mens kan doen, zou een groot gedeelte van de mensheid dat niet doen; we zijn nu eenmaal geen rationele wezens. Meer zijn we gebaat bij het creëren van systemen die 'goed' gedrag stimuleren, liefst zonder dat we dat doorhebben. Zoals de fabrikanten van snoep en drank dat doen, maar dan voor goede dingen.

Maar toch. Een systeem dat het welbevinden van de mensen optimaal stimuleert zal uiteraard niets anders zijn dan een opsomming van heel veel inzichten over wat werkt en wat niet. En er zullen altijd inzichten bij zitten die je huidige wereldbeeld doen wankelen.

Sociale gerechtigheid kan niet bestaan zonder dat men de dingen fundamenteel anders gaat zien, beweerde de filosoof Ernst Bloch en ik ben het met hem eens. Iets wat volgens de normen van een technologische, rationele samenleving slechts neerkomt op 'dagdromen', kan het beginpunt zijn voor een nieuwe en meer menselijke samenleving. Dit streven naar een niet-bestaande werkelijkheid, een utopia – inderdaad: escapisme – kan men volgens Bloch daarom beschouwen als een 'onvolwassen, maar oprecht surrogaat voor revolutie'. Droom de revolutie, wees de revolutie.

Mijn gedroomde revolutie (al was het dan mogelijk in deze weken iets naar de achtergrond geschoven) is er een van een wereld waarin we de eigenaar worden van de nieuwe machtsstructuren. Waarin we een bewuste rol gaan spelen binnen de wereldwijde uitwisseling van kennis. Waarin we de gewenste verandering gaan versnellen, sneller en beter dan ooit tevoren, op een nooit eerder vertoonde schaal. Dat allemaal binnen onze wereld, die door alle ontwikkelingen rondom informatie-uitwisseling ineens zo klein is geworden dat hij 'globaal dorpje' gedoopt wordt.

Deze weken hield ik mezelf vooral voor dat het af en toe ook gewoon goed is om jezelf, tijdelijk, buiten het systeem te plaatsen. Door erbuiten te staan is de kans groter dat je het geheel overziet, een patroon, een mogelijkheid tot verbetering. Wim stond hierin voor mij symbool voor één inzicht dat deel van de oplossing kon uitmaken, een van de vele inzichten die zich buiten de gevestigde orde bevonden, maar die vermoedelijk een bijdrage konden leveren aan hoe we onze problemen aanpakten. In dit geval hoe we geneeskunde bedreven. Want als het inderdaad waar was dat een mens in staat bleek om een ontsteking, veroorzaakt door een bacterie, simpelweg weg te puffen en zo het immuunsysteem te beïnvloeden, zoals onderzocht door de Radboud Universiteit, dan hield dat in dat ons autonoom zenuwstelsel te beïnvloeden was, wat tot dan toe door de medische wetenschap voor onmogelijk was gehouden. Een revolutionair inzicht. Een inzicht van buiten de gevestigde orde.

Hoeveel van dergelijke nuttige inzichten waren er, op zeven miljard mensen, nog meer te halen? Hoeveel zouden we kunnen winnen als we de systemen zouden openstellen voor oplossingen van buitenaf, voor bijdragen, via mankracht en informatie, van 'daarbuiten'? Dit is het tijdperk om de geslotenheid open te breken. Dit is ook de tijd om de openheid te structureren, doordachte verbindingen te leggen, oplossingen aan te dragen, verder te onderzoeken, toepassingen van de nieuwe inzichten te ontwikkelen en te distribueren.

Als we het goed doen, is er weinig wat we niet kunnen oplossen.

# VIII

# EN MISSCHIEN, MISSCHIEN, GAAN WE ALLEMAAL WEL DOOD?

## I

'Wees maar bang.' Met een ongebruikelijke ernst spreekt Wim ons toe. We zitten in een afgesloten zaaltje van een strandtent, inmiddels gekleed in vesten en behaaglijke joggingbroeken. Onze derde training zit erop. Vier uur wandelen door de steilste duinen die we konden vinden, afgesloten met een duik in de frisse zee. Het springen in de zee nadat we uren half bloot door het bos hadden gebanjerd viel me enorm tegen. De wandeling zelf vond plaats in een niet eens zo extreme kou, evengoed was het fris genoeg om na een paar uur flink onderkoeld te raken. Bij de sprong in de zee, de grande finale van deze exercitie, wist ik niet hoe snel ik uit het water moest komen. Eenmaal binnen volgde een oncontroleerbaar rillen en ik was lang niet de enige. De Journalist, de Smid, de Sjamaan, allemaal hadden we er last van. Het lijkt op de hik. Je denkt dat het weggezakt is, en dan komt er toch nog een schok opzetten, en nog een, de volgende golf die je lichaam doet sidderen.

Wim bevindt zich in een heel hoge staat van alertheid. De kou, de ontbering, daarin zit de rust. In de echte wereld komen de oude schaduwen uit alle hoeken kruipen en ze schermen het grillige licht af. Bij Wim is dat zodra hij de wereld van de kou verlaat; de somberheid is nooit ver weg.

## 2

'Ik begreep het gewoon niet,' zou hij later die avond vertellen. 'We hadden het stuk grond, we hadden alles! Met een waterval en cactussen, alles!'

Inmiddels had ik de verhalen van Wim zo vaak gehoord, ook deze vertelling over het stuk grond waar Wim ooit zijn ashram had gevestigd, het 'Spaanse paradijs' waar hij met Olaya gewoond had, dat ik automatisch de verhalen voor hem in mijn hoofd 'afmaakte', in het decor plaatste, de zinnen oppoetste.

Dat decor was werkelijk indrukwekkend. De ashram lag verscholen tegen de helling van een bergmassief, met aan de ene kant een uitgestrekte, glooiende vlakte. Een landschap met zachte lijnen, alleen onderbroken door één puntig bergmassief, door de lokale bevolking 'de Naald' genoemd. Een rijzige slanke rots die als het ware uit het niets oprees en trots boven de vallei uittorende. Over dat gebied heeft Wim het als hij mistroostig mompelt: 'We hadden alles. We hadden het goed.'

'Wat hadden we het godverdomme goed.'

Daar, staand in zijn paradijs, aanschouwde Wim de pracht van de bergen en laafde zich aan de zon. De lange cactussen die aan de randen van hun stukje grond groeiden zorgden voor enige schaduw.

Olaya hield er niet van, stelde ik me zo voor, van cactussen noch van schaduwen, en ze weerde de planten zo veel mogelijk van hun grond. De rijen struiken die een natuurlijke haag vormden, gaven meer dan genoeg beschutting. Licht moest er zijn, licht en blauwe ogen, de engelenogen van hun eerste kindje, hun tweede kindje... De beste bezwering tegen kwade krachten moest dat wel zijn.

Het lukte Olaya steeds minder om de struikgewassen te weren. In dit klimaat, dat lange periodes van droogte kende, leek elke plant wel stekels te hebben. De puntige uitsteeksels die als bescherming dienden tegen de vele dorstige wezens, op zoek naar elke druppel vocht, boorden zich moeiteloos door haar huid heen. Het vergde standvastigheid en doorzettingsvermogen om ze het hoofd te bieden.

Bovenal vergde het de kracht om te accepteren dat ze altijd terug zouden keren, de schaduwen, de doorns, dat het nu eenmaal in hun natuur lag en dat daarin de prijs schuilde voor het aardse paradijs. Je moest ze telkens opnieuw het hoofd bieden, je moest er zijn.

Maar steeds vaker vertrok ze juist, bleef ze weg, weken, maanden. Steevast vergezeld door het jongste kindje, alsof alleen de onschuld van een pasgeborene een amulet was, tegen... Wim wist destijds niet waarmee hij te maken had en ook nu nog slaagt hij er niet in om het te benoemen.

Zonder enige consideratie drongen de vijandige, stekelige planten steeds verder door tot in het centrum van hun paradijs. Langer en langer groeiden de armen van de cactussen en verder en verder rekten de schaduwen zich uit. Inmiddels was het duidelijk: zelfs de grootste blauwe ogen, zelfs het zuiverste engelenhart is niet bestand tegen het helse vuur dat haar hart wegvreet.

Het is een tornado. Een storm.

Het is de natuur. Hard en meedogenloos.

Net als de wind, die steeds vaker de ashram kwam teisteren en de meest onbuigzame planten deed buigen. Alleen de Naald bleef onverstoorbaar uittorenen boven de vallei.

## 3

'De angst houdt je scherp!' schreeuwt Wim, want op dit moment zit hij nog midden in zijn tirade.

'De angst zorgt ervoor dat je 's ochtends uit bed komt en in dat koude meer springt. Dat je er klaar voor bent. De angst zorgt ervoor dat je geen stomme dingen doet, geen onnodige risico's neemt, daarboven op de berg,' vervolgt hij zijn strenge toespraak.

Eigenlijk zou dit onze laatste training zijn, daarna zouden we individueel doorgaan met de oefeningen zoals afgesproken, tot aan de reis naar Tanzania.

Door de ernst in zijn stem vraag ik me echter af of dit niet een verkapte manier is om te zeggen dat we er eigenlijk níét klaar voor zijn. Senior is heel hard aan het trainen en inmiddels vele kilo's lichter. De Journalist lijkt de dip na zijn operatie te hebben overwonnen en rent elke ochtend kilometers door het donker en de kou. De Smid, Junior, ikzelf, de hele groep: allemaal gaan we verder dan ooit tevoren. Zal het voldoende zijn?

De rillingen zijn nog niet weggeëbd, en al is het binnen behaaglijk warm, ik sta toch op om mijn jas te pakken. Voor het eerst in weken voel ik zelf ook de angst dat dit avontuur uit de hand gaat lopen.

## 4

'Mama, gaan wij het verhaal nog afmaken?' vraagt M.

We zitten op de bank, de jongens spelen een spelletje en ik lees.

Ik trek een wenkbrauw op. Het verbaast me dat M. er nog mee bezig is, met het verhaal van Colourboy.

'Weet je al wie de Tegenstander is?'

'Dat is de Zwarte Tovenaar. Die pikt alle kleuren, om zo zwart mogelijk te kunnen zijn.'

Wow.

'Dingen zijn nooit helemaal zwart, er zit altijd iets van kleur in,' vult hij aan. 'Dus hij heeft alle kleuren nodig, om echt zwart te kunnen zijn.'

'Ik zie het, ja...'

Niets is toch echt zwart? Ik probeer mezelf gerust te stellen.

'Het enige wat echt zwart is, is een zwart gat,' vult J., mijn andere zoontje, aan. Zelden zit hij stil, maar als hij al stilzit en iets leest, zijn het boeken over de planeten en het heelal. Wel dus.

'Weet Colourboy hoe hij de Zwarte Tovenaar tegen moet houden?' vraag ik dus maar aan M.

'Nog niet,' geeft M. toe.

'Het zou wel goed zijn als hij er snel achter kwam.'

'Ja, dat moet wel, want steeds meer mensen verliezen hun kleur,' voert M. sinister de spanning op. 'Colourboy kan mensen wel hun kleur teruggeven, met zijn krachten... Maar eigenlijk moet hij de Tovenaar gewoon stoppen,' voegt hij er sip aan toe.

'Anders blijft hij bezig,' vult J. droog aan.

'Is er ook een speciaal iemand? Iemand om wie Colourboy heel veel geeft?' Ik gooi het over een andere boeg.

Een meisje misschien?

'Jaaaa... Zo'n heel mooi meisje uit zijn klas... Blond... Staartjes...' zegt M. dromerig.

Ja, dat meisje ken ik wel.

'Maar die stomme pestkoppen, die hebben het op Colourboy gemunt en hij kan nooit eens met haar praten,' voegt hij er gepikeerd aan toe.

'Vervelend, zeg. Het lijkt me zaak dat hij zo snel mogelijk de Zwarte Tovenaar opzoekt,' hou ik hem voor en M. knikt. Hij kijkt bezorgd. Van de andere kant, er zijn momenten waarop het opzoeken van de Zwarte Tovenaar een stuk minder eng lijkt dan het blonde meisje aanspreken. Colourboy zou aan beide nog een zware dobber hebben.

# IX

# ALS DE NACHT ECHT DONKER WORDT

## I

Dan komt de dag dat de jongste broer van Senior begraven wordt. De broer op wiens laatste verjaardag Senior aan Wim toestemming heeft gevraagd om de Kilimanjaro te beklimmen, is overleden.

Zijn broer heeft een succesvol bedrijf gehad, hij kweekte en handelde in lelies. Tot zijn vijftigste zou hij heel hard werken. Daarna zou hij stoppen en de vruchten van het harde werken plukken. Van het leven genieten, met zijn vrouw, hun twee prachtige dochters en de talrijke vrienden en familieleden om wie hij zoveel gaf. Hij was een familieman in hart en nieren. Het nieuws van de kanker kwam twee maanden na zijn eenenvijftigste verjaardag. Met de ziekte heeft hij nog twee jaar geleefd.

Wellicht is het een goed teken dat zelfs een aangekondigde dood zo onverwacht komt. Dat het een verstoring blijft, verraad, een teken dat de mens er niet op gemaakt is om de dood gewoon te accepteren.

De ziekte van zijn broer was voor Senior de aanleiding geweest voor zijn besluit om mee te gaan op de tocht. In de maanden erna was zijn broer een van de weinige fans in zijn directe omgeving geweest die zijn deelname aan de tocht van harte toejuichte. Zijn woorden waren een welkome verdediging tegen de groeiende weerstand van mijn schoonmoeder ertegen.

Zijn oom was ook een grote supporter van Junior geweest. In Juniors koffer was daarom een vlag ingepakt, met het logo DE JONG LELIES, het bedrijf van zijn oom. Deze zou hij ter ere van zijn oom op de top achterlaten.

## 2

'Sh... Ik ben er behoorlijk door van slag,' bekent de Journalist bij het horen van het nieuws. Onze groep verzamelt zich kort na de begrafenis in het Limburgse Gulpen voor een spontaan ingelaste, allerlaatste training. Het overlijden van de jongste broer van Senior, heeft een diepe impact op de hele groep, aangezien ook hij een beoefenaar van de Wim Hof-Methode was. In zijn laatste maanden pufte hij er lustig op los. Het gaf hem extra energie, zei hij. De Journalist heeft een paar keer met hem contact gehad en ze hebben ervaringen uitgewisseld. Naast het verdriet om het heengaan van een veel te jong iemand in onze naaste omgeving, is er ook bij de Journalist die hoop, altijd die hoop, dat door de WHM ons lichaam zal ontwaken, dat het zich herinnert hoe de ontspoorde cellen weer in het gareel te krijgen en hoe ze op te ruimen, het liefst voorgoed. Dit verlies ontkracht dat.

'Weet jij dat toevallig, de eerste keer dat Wim bij je oom op bezoek kwam, moest hij toen huilen?' vraag ik aan Junior.

'Niet dat ik weet. Hoezo?'

Het is een herinnering. Tijdens de eerste keer in Polen, toen de Journalist en ik in het busje bij Wim zaten, diste Wim het ene wonderbaarlijke verhaal na het andere op, over de meest uiteenlopende mensen die door zijn methode waren opgeknapt. 'Komen er ook wel eens mensen bij jou van wie je weet dat het niet gaat helpen? Dat ze te ver heen zijn?' vroeg de Journalist.

'Soms voel ik dat... Word ik verdrietig. Moet ik een beetje huilen...' gaf Wim schoorvoetend toe.

Dat maakte zijn slotadvies aan mij destijds – 'Jij moet gewoon niet ziek worden' – duizend keer krachtiger. Dus ik was niet ziek? Heel goed! Ik heb me sindsdien eigenlijk nooit meer ziek gevoeld. Placebo, wellicht, maar het placebo-effect is keer op keer enorm krachtig gebleken. De werkzaamheid ervan is vaak sterker dan dat van een officieel medicijn. Professor Ted J. Kaptchuk, verbonden aan de Harvard Universiteit en hoofd van het Harvard-breed onderzoeksteam dat zich met het placebo-effect bezighoudt, heeft dit meerdere malen aangetoond, onder andere in onderzoek naar het effect van placebo's op verschillende chronische ziektes. De leus van zijn onderzoeksgroep is: 'Op zoek naar de echte ingrediënten van een "nep"-medicijn', en hij onderzoekt de veranderingen die placebo's op moleculair niveau kunnen teweegbrengen. Want dat er een effect is, staat voor hem vast; er zijn zelfs gevallen bekend van soldaten die tijdens de Eerste Wereldoorlog amputaties ondergingen terwijl de voorraad morfine allang op was. Dat werd niet aan de soldaten verteld, zij ondergingen de operaties op een 'verdoving' met een zoutoplossing. Krachtig spul, zo'n placebo.

Het overlijden van een medeadept van de Wim Hof-Methode veroorzaakt daarentegen een net zo tastbaar en ingrijpend nocebo-effect. Het drukt op onze gemoederen en naast het verdriet stapelen de spanningen zich op.

'Jongens, dit is gewoon angst! Jullie moeten jezelf gewoon zien staan op die berg!' roept Wim uit als bezweringsformule tegen de opgekomen vrees.

## 3

Helaas, het moreel was zichtbaar ingezakt. Hoe dol wij mensen ook zijn op vertellingen waarbij de hele mensheid vergaat – volgens de filosoof Peter Sloterdijk overigens altijd door een van de volgende vijf oorzaken: een epidemie, een tsunami, ijs, een meteoor of een atoomoorlog – het individuele sterven is en blijft een precaire aangelegenheid. Onze eigen sterfelijkheid ontkennen we het liefst en we stoppen die heel, heel diep weg. Het moge inmiddels duidelijk zijn dat de mededeling van mijn eigen neurologe, daar in die spreekkamer in het ziekenhuis destijds, mij volkomen heeft overrompeld. En dat terwijl ik in mijn nabije omgeving twee mensen heb zien sterven en je zou denken dat daardoor het verrassingseffect er inmiddels een beetje af was. Mijn moeder stierf nog voor haar vijftigste verjaardag, aan kanker, ik was eenentwintig. We hebben haar bijgestaan, mijn broer, mijn man en ik, tijdens haar laatste dagen, die zich tegen alle statistieken in hadden samengesmeed tot een week. Dagen waarin ze warriger werd, stukjes van haar geest losraakten, ze alsmaar magerder en zwakker werd. Desondanks leek haar lijdende, doorzichtige lichaam in niets op het omhulsel dat na haar dood overbleef. Het lichaam van een levende, ziek of niet, lijkt in de verste verte niet op dat van een dode. Een wassen omhulsel is het, verlaten, bloedeloos, koud. Al zal elke muze elke dichter nog duizendmaal bezoeken, nooit zal er een beter woord komen om een lijk te beschrijven dan: 'dood'.

De tweede dierbare die ik deze overgang heb zien maken was mijn dierbare tante, mijn moeders jongste zus: ook zij heeft haar vijftigste verjaardag niet mogen halen. 'Ik ben bang,' vertrouwde ze me per telefoon toe op de dag voordat ze geopereerd werd. Ze bevond zich toen op duizend kilometer afstand in Polen.

Het zou een zware operatie worden. De tumor zat deze

keer in haar hersenen. 'Bekijk het eens positief... Je mag tenminste van je kamer af,' probeerde ik haar te troosten. Ik wist dat ze haar kamer deelde met een vreselijk mens, van wie het raam nooit open mocht – het was augustus.

Mijn tante moest hard lachen. Ze was naar de gang gelopen om rustig een gesprek met mij te kunnen voeren, want telefoneren werd door haar buurvrouw ook al niet op prijs gesteld.

Eigenlijk wonderbaarlijk, achteraf. Van mijn oom hoorde ik dat ze op het laatst helemaal niet meer rechtop kon lopen. Door de tumor was haar coördinatie of haar evenwicht van slag, misschien wel allebei. Hoe zou ze er op die gang bij gezeten hebben? Waarschijnlijk toch nog een beetje comfortabel, want we hebben meer dan een uur gepraat en vreselijk gelachen.

'Zet het raam dan open als ze slaapt.'

'Heb ik geprobeerd.'

'En?'

'Helaas. Het kwaad slaapt nooit,' eindigde mijn tante met een sinister ondertoontje en we bulderden van het lachen. Dat was ons laatste gesprek.

De volgende keer dat ik mijn tante zag, een paar dagen later, hadden de artsen net besloten dat ze losgekoppeld werd van de apparatuur die haar nog in leven hield. Vrijwel meteen na de operatie was ze hersendood verklaard.

Het was onder andere deze ontmoeting met de dood die me een bepaalde arrogantie heeft gegeven, alsof ik er al iets vanaf wist, van de dood.

Toch was ik overrompeld toen mijn eigen bestaan opeens zo kwetsbaar bleek en de neurologe me een scan van mijn hersenen toonde waarop verschillende, reeds genezen ontstekingen te zien waren. Indien de ontstekingen te vaak op dezelfde plek zouden terugkomen, konden ze uitmonden in black holes, deelde ze me mee.

Een heus zwart gat, maar dan in je hersenen. Mijn hersenen.

Ja, ik was er toch een tijdje door van slag.

Als ik zo lag te denken, in die eerste nachten, over de oneerlijkheid van de dood, troostte ik me met de gedachte dat het een lot was dat ons allemaal zou treffen. De gedachte dat het allemaal gewoon doorging, zonder mij erbij, was redelijk ondraaglijk. Dat spelletje, doen alsof je zelf onbeduidend bent, alsof dat wat staat te gebeuren onbeduidend is, was slechts als misleiding bedoeld, om iets te bereiken wat er wél toe deed.

Om ervoor te zorgen dat ik er zelf toe deed.

Doodgaan draagt daar niet aan bij.

Een wereld die gewoon blijft draaien als jij er niet meer bent, hoe onverschillig en wreed. Een epidemie, een tsunami, ijs, een meteoor of een atoomoorlog waarbij we met z'n allen gingen: de fascinatie voor een gezamenlijke ondergang, met de mogelijkheid dat we er met z'n allen tussenuit knijpen met een grote 'bang!', die kon ik volledig begrijpen. Maar Sloterdijks verwondering begreep ik niet.

De kunst van individueel sterven bleef van een heel andere orde. In religieuze en intellectuele kringen betrof het zelfs een erkende vaardigheid.

Heel vroeger, toen ik in Polen woonde en elke zondag met mijn oma naar de kerk ging, verbaasde ik me over een zin in het gebed: '... en behoede ons voor een plotselinge dood'.

'Een plotselinge dood' leek me toen, en de laatste tijd nog meer, bij uitstek de manier om te gaan: onaangekondigd, snel en pijnloos.

Zo niet het christendom. Deze religie ziet het sterven juist als een heel waardevolle periode in je leven. Een aangekondigde dood laat je juist wat tijd om alsnog je leven te beteren, of wat er op dat moment nog van over mag zijn dan. Daarnaast is het je laatste kans om te tonen uit welk hout je bent gesneden. Hoe verdraag je het lijden, de tegenslag?

Erasmus heeft er zelfs richtlijnen voor geschreven. Je moet tegen het einde vooral je geloof verdiepen, je zonden nogmaals herdenken en om vergeving vragen en je gehechtheid aan eigendommen, ook aan je geliefde, loslaten.

De eerste zin brengt me meteen van slag. Want waar geloof ik in? Zeker in iets. Maar het is een metafysisch geloof: als ik eraan denk, zie ik de beelden die het universum moeten voorstellen. Het is een geloof in quarks, in kwantumdeeltjes die op een onverklaarbare wijze met elkaar verbonden zijn. Een geloof dat we verschrikkelijk nietig en tegelijkertijd alles zijn, dat niets wat we doen ertoe doet en dat we tegelijkertijd heel zorgvuldig onze daden moeten kiezen, omdat het onze keuzes zijn die ons maken tot wie we zijn. Liefde. Ik geloof ook heel erg in liefde, in alles overstijgende liefde, niet alleen in 'gemakkelijke' liefde, zoals die voor je kinderen, die er gewoon is. Ik geloof ook in de alomvattende liefde, die je vaak pas ervaart als je de moeite neemt om diep in de ogen van de vreemdeling te kijken, om lang genoeg naar het onbekende te luisteren. Totdat je de tonen ontwaart, de klanken die niet anders zijn dan jouw eigen lied, anders gerangschikt wellicht, maar uiteindelijk... een. Allemaal uit dezelfde deeltjes geschapen. Uit sterrenstof. Echt, letterlijk, uit sterrenstof. Vooruit, dat zijn dan weer dezelfde deeltjes waaruit bijvoorbeeld afval bestaat, maar ook dat onderbouwt mijn standpunt dat het allemaal één pot nat is. Hetzelfde geldt voor de dieren, de planten, de aarde en de rest van het universum. Dit wist en voelde ik al heel lang en ik was niet van plan om er opeens mee op te houden, met dat geloof.

Maar was het genoeg?

# 4

Het moment vlak vóór ons vertrek blijft het ergst van een hele training of tocht. Niet in de laatste plaats omdat we organisatorisch nog steeds een ramp zijn. Een paar helden staan al buiten met ontbloot bovenlijf. Ze staan te dampen en zijn stevig aan het uitademen om zich warm te houden. Zelf sta ik met twee andere groepsleden bij de open deur te wachten tot iedereen er is. Een groot aantal deelnemers is echter helemaal nergens te bekennen, die zijn nog diep in het huis op zoek naar een kwijtgeraakte waterfles of proviand voor in de rugzak; een enkeling schijnt zelfs de hele rugzak kwijt te zijn.

Dan komt het moment dat Wim zelf naar buiten rent en met onverschrokken kreten de groep bij elkaar roept en oppept.

'No ego!' 'We go!' roepen we om de groepsgeest te versterken en onze geesten te warmen.

'Huh-ha!' 'Huh-ha!' roepen we dan met z'n allen en we maken er gebaren bij die het midden houden tussen een karatemove en een tai chi-oefening.

De bijval voor Wims kreten komt vandaag maar moeizaam op gang. Zelfs het verhaal van de Yogi, de 'Belgische Iceman' en nieuwste aanwinst in onze groep, verandert er maar weinig aan. De Belgische Iceman heeft zijn bijnaam te danken aan het feit dat hij de zomer ervoor in één dag de Mont Blanc heeft beklommen, uiteraard in korte broek en in zijn eentje. De Mont Blanc is weliswaar lager dan de Kilimanjaro, waardoor hoogteziekte er zelden voorkomt, in de zomer is het er net zo koud als op de Kilimanjaro en technisch is de berg een stuk uitdagender. Een vuistregel: in juli en augustus vallen er zo'n vijftig doden in de Mont Blanc-regio, een aanzienlijk hoger aantal dan op de Kilimanjaro. De Yogi was er vanuit België in zijn auto heen gereden, slaagde er met heel veel moeite in om slechts één nacht op de berg te boeken in plaats van de gangbare twee of drie dagen en kreeg er eigenlijk ook al meteen spijt van. Het liefst was hij gewoon doorgelopen. Hoe dan ook, hij haalde de top binnen vierentwintig uur, weigerde onderweg een fles water te kopen omdat ze er het astronomische bedrag van tien euro voor vroegen, en liep in zijn korte broek weer naar beneden, waar hij in zijn auto stapte en naar huis reed.

Deze Yogi is een yogi in optima forma; zijn zachte uitstraling en de krullen tot op zijn schouders (die hem het aanzien van een aartsengel verschaffen) weerspreken haast het superheldverhaal dat hij met ons deelt. Hij ontbeert de bravoure van Wim, hij moet naar boven zijn gezweefd, dat kan niet anders. Wat ze wel gemeen hebben, is het totale gebrek aan opsmuk dat ik zo in Wim kan waarderen. Allebei zien ze de natuur met haar barre omstandigheden als hun normale habitat en zijn ze niet per se in hun element in de bewoonde wereld.

Hoe indrukwekkend ook, het is het zoveelste verhaal, de zoveelste supermens, nog een extra training, en ik ben er helemaal klaar mee. De expeditie is geen abstractie meer, over ruim een week vertrekken we. De spullen voor de reis staan al klaar bij iedereen thuis en de lijst van wat er nog aan de bepakking ontbreekt wordt dagelijks opgemaakt. De berg doemt op, komt steeds dichterbij in al zijn grootsheid. Niemand van ons kan er nog omheen. De cijfers over het aantal sterfgevallen op de hellingen van de Kili krijgen steeds meer betrekking op ons. Met de naderende vertrekdatum komen ook de geesten, de zielen van hen die de Kili niet meer heeft laten gaan, dichterbij.

Zoals gewoonlijk doen we na wat Wim op dat moment toevallig doet. Er zit een lijn in, zeker, een beetje karate, een beetje yoga, maar eigenlijk maakt het niet heel veel uit. Het helpt ons in een flow te komen, het helpt om onszelf warm te maken, maar bovenal helpt het om in een mentale staat te komen – de diepe concentratie op de warmte – die ons zo meteen door deze voorbereidende tocht gaat helpen. De adrenaline die aan het begin door de spanning losgekomen is, en de warmte die door de oefeningen vrijkomt, zullen over zo'n tien minuten uitgewerkt zijn. Dat is het moment dat je het van je focus moet hebben. Zodra de tocht wordt ingezet en we de ijzige velden en bevroren plassen passeren wordt de groep stiller en krijgen we een loopritme te pakken. De magie is weer in werking getreden. Hoe verhoudt wat hier keer op keer gebeurt zich tot een placebo-effect? Professor Kaptchuk en de rest van zijn onderzoeksteam bepleiten, en tonen keer op keer aan, dat dit effect meer is dan een vervelende variabele die klinische studies verstoort, maar juist een sleutel vormt om het genezingsproces te kunnen begrijpen en de rol die het medisch ritueel erin speelt, de omgeving waarin een behandeling plaatsvindt en de relatie tussen de patiënt en degene die de zorg verleent. Als alleen al de mate waarin een arts aandacht aan een patiënt schenkt aantoonbaar verschil maakt in diens genezingsproces, welk een impact heeft Wim dan als de verschaffer van de Wim Hof-Methode, met al zijn ge-huh-ha en zijn rotsvaste geloof in jouw (in mijn) genezing? Met Wim in de buurt deed ik het onmogelijke, terwijl ik de dag voor en na een bezoek aan mijn neurologe juist verlamde en zo slap en zwak was dat ik niet bij machte was om van de bank af te komen.

Placebo's brengen weliswaar geen genezing, daar is ook professor Kaptchuk stellig over, maar ze zorgen voor verlichting van al wat je leven zuur kan maken in de (weinige) tijd die je nog rest. Een meetbaar hogere kwaliteit van leven, zoals dat officieel heet. Dat is voorlopig goed genoeg voor mij. Huh-ha!

# 5

Deze laatste tocht in Limburg, die 'slechts' zeven uur zal duren en waarbij de temperatuur al snel boven nul graden komt, is niet te vergelijken met de echte tocht over twee weken. Toch worden de pijnpunten genadeloos blootgelegd. Zo is de kou op mijn armen, benen en bovenlichaam draaglijk, evenals op mijn gezicht, oren en hals. Mijn handen daarentegen blijken keer op keer een zwakke plek. Ik verwacht dat dat bij meer kou ook voor mijn voeten gaat gelden.

Dagelijks koud douchen is vaste prik voor wie de Wim Hof-Methode volgt, ter gelegenheid van de aanstaande tocht aangevuld met ijskoude baden en zwempartijen in open water. Al kan ik zo'n koude douche steeds langer verdragen, bijna altijd krijg ik last van dode vingers in het halfuur erna. Als extraatje heb ik de koudedouche-/koudebadentraining dan ook uitgebreid met het onderdompelen van mijn handen en voeten in een bak met ijsklontjes. De pijn die het aan je handen veroorzaakt is verschrikkelijk, maar met de juiste focus nog wel draaglijk. Met mijn voeten in een bak met ijs zitten daarentegen geeft me het gevoel dat al het leven uit me gezogen wordt en dat ik ter plekke dood zal gaan.

Door de combinatie van de trainingstechnieken komt het verschijnsel dode vingers evengoed steeds later opzetten; als het eenmaal inzet, is het bijna onmogelijk om van het gelige, leerachtige uiterlijk van mijn vingers af te komen. Straks, op de berg, zijn handschoenen toegestaan, maar ik vermoed dat die bij min zeventien ook niet zullen helpen tegen dode vingers of tegen de scherpe, snijdende pijn die daarbij hoort. Vandaar dat ik deze trainingstocht aangrijp om te oefenen met het warm krijgen van mijn handen. Tijdens de echte tocht gaan we gebruikmaken van bergwandelstokken. Verschrikkelijke ondingen zijn het, die ik zeker in het begin heel erg met seniorensport associeer. De natuurlijke neiging om ermee te zwaaien dient onderdrukt te worden. Er is een heuse driepuntstechniek om de stokken juist te gebruiken. Al met al veel gedoe dus. Gezien de toegenomen kans op het verliezen van je evenwicht, die door de grote hoogte veroorzaakt kan worden, besluit ik er toch maar aan te wennen, om het voor mezelf niet onnodig ingewikkeld te maken. Stel dat ik tijdens moeilijke momenten ook nog eens met de stokken moet gaan prutsen. Het kost wel enige tijd om eraan te wennen. Vooral bij de afdaling, het niet te onderschatten zware gedeelte van de tocht, moeten ze hun waarde bewijzen. Tijdens deze oefenwandeling komt nog een ander nadeel van de stokken aan het licht. De handen hebben tijdens het vasthouden van de stokken geen enkele beschutting; liever zou ik ze op mijn rug hebben. Ik laat mijn stokken los en grijp ze weer vast in de hoop zo wat meer warmte in mijn handen te pompen. Ook hou ik na diepe ademteugen mijn adem een paar tellen vast en stuur dan de energie naar mijn handen toe. Gaandeweg lukt het me om een enkele keer het gevoel in mijn handen terug te krijgen, totdat de warmte weer verdwijnt en ik mijn inspanningen moet herhalen. De methode om via mijn ademhaling extra warmte naar alle delen van mijn lichaam te dirigeren is vrij eenvoudig: na een paar keer diep inademen duw je de laatste diepe ademteug als het ware terug je lichaam in. De methode die we straks op de Kilimanjaro moeten gebruiken om de zuurstof op peil te houden, is daarentegen weer anders. Dan dien je juist heel diep in te ademen en na twintig tot dertig ademteugen uit te ademen en je longen zo lang mogelijk leeg te laten.

De technieken, hoe simpel ook, zijn deels tegenstrijdig en ik ben benieuwd hoe het straks op de berg gaat uitpakken.

In het glooiende Limburgse landschap met de temperaturen van een Nederlandse doorsneewinter krijg ik de elementen algauw onder controle en zonder al te veel problemen gaan de uren voorbij. Alleen de verbaasde blikken en nieuwsgierige vragen van dik geklede wandelaars herinneren ons aan ons afwijkende gedrag. Een deel van de tocht loop ik naast de Yogi. Hij vertelt dat hij eigenlijk nog maar kortgeleden met yoga is begonnen.

'Ik kwam met yoga in aanraking nadat ik een zware burn-out had gehad. Ik kon helemaal niks en kwam nauwelijks mijn huis uit... Toen ben ik bij toeval met yoga begonnen; gelukkig was de yogastudio niet ver van mijn huis. Al na zes maanden begon ik verschil te merken!' besluit hij zijn verhaal enthousiast.

Ik verslik me bijna in mijn slokje water.

Zes maanden?

Diep graaf ik in mijn geheugen, maar ik kan me geen activiteiten herinneren die me probeerden te verleiden met de belofte om over zes maanden iets te bereiken. Zes maanden, dat is... Dat is een eeuwigheid!

Het staat zo haaks op alle prikkels en beloftes die ik dagelijks via de media binnenkrijg. Elke interventie belooft binnen een paar dagen, hoogstens een paar weken, waanzinnige resultaten: kilo's die je kwijtraakt, die liefde die je vindt, of wat het dan ook is dat gefikst moet worden in je leven. Zes maanden. Wat een geduld...

Tegen het einde van deze Limburgse wandeling, die verder zonder noemenswaardige problemen verloopt, begin ik me langzaam zorgen te maken. Want al gaat dit niet heel slecht, hoe moet het straks op de Kili, bij min weet-ik-hoeveel graden, wind en sneeuw en zonder snelle ontsnappingsroute?

De beelden van de afgevroren duim zijn blijkbaar goed in mijn geheugen opgeslagen, want de zwarte vingerstompjes dringen zich steeds vaker aan mijn geestesoog op. Onwillekeurig denk ik terug aan Krakauer en hoe hij, in het basiskamp van de Mount Everest aangekomen, sceptisch zijn medeklimmers van een afstandje bekeek en een inschatting maakte van wie het ging halen en wie niet. Het popidool? Niet. De ervaren klimmer? Wel. De enige Japanse, die alle hoogste toppen op alle continenten, op de Mount Everest na, had beklommen? Wel. De medeklimmer die ter plekke zijn nieuwe schoenen uitpakte en ze tijdens de tocht wilde inlopen? Niet.

Hij had het mis gehad.

Ongeveer op dat moment spreekt de Yogi me aan. 'Weet je, je hebt zoveel energie in je, van jou weet ik zeker dat je de top gaat halen.'

Ik wil er een grapje van maken en vragen of hij dat tegen alle meisjes zegt, maar ik doe het niet.

Symbolen, rituelen en de onderlinge omgangsvormen vormen immers de kern van een goed placebo-effect. En het moge duidelijk zijn dat ik onderhand een heel, heel grote fan ben van het placebo-effect.

De ogen van de sympathieke Yogi staan kalm. Hij is wars van onzin.

Hij heeft gewoon gelijk. Ik ga het halen. Geen idee hoe, maar ik ga het halen. De zon schijnt ineens harder en ik ontspan. Al snel worden mijn levenloze, witte vingertoppen weer rozig en keert het gevoel in mijn handen volledig terug.

## 6

'De cijfers zijn duidelijk. Het slagingspercentage bij een klim van vijf dagen ligt op 27%. Bij een klim van zes dagen 44%.' Het zijn de cijfers die we al weken herkauwd hebben, afkomstig uit de 'Climb Kilimanjaro Guide'. Ze houden niet eens gegevens bij van klimmers die het in vier dagen doen, maar dat zal vast lager dan 27% liggen. 'Al zouden we een slagingspercentage van 90% halen bij een normale klim, in zes dagen, dan is ons punt al bewezen. Laat staan bij een klim van vier dagen,' zegt de Arts.

'Inderdaad, vier dagen is meer dan genoeg,' valt de Brandweerman hem bij. Het advies dat Wim ons een paar dagen eerder gaf, om heel bang te zijn, is blijkbaar door een deel van de groep heel letterlijk genomen, want er gaan steeds meer stemmen op om de klim in vier dagen te doen in plaats van de geplande drie. Wim vindt dat onzin.

'Jongens, wacht even, het hele reisschema is al klaar. De hutten op de Kilimanjaro hebben we weken geleden al geboekt. We kunnen niet zomaar met de dagen schuiven,' probeert de Brandweerman zoals gewoonlijk de gemoederen te sussen.

Ik kijk de groep rond en maak me ineens ook zorgen. Mijn zorgen gaan echter de andere kant op. Al snel zitten we op de berg die al wekenlang boven onze levens uittorent. Na de eerste dag van de klim zouden we al op temperaturen rond het nulpunt zitten, daarna zou het alleen maar kouder worden. En dan de zuurstof: hoe hoger, hoe minder. Hoe langer je er verbleef, des te groter werd de kans op een van de aandoeningen uit de imposante hoogteziektelijst. Wat mij betreft, komen we zo snel mogelijk weer van die berg af! Hoe geconcentreerd we die berg ook op gaan, als één lichaam en zo, dat is voor mij beslist nog geen reden om daar een dag langer te verblijven. Liever nog een dagje korter...

'In ieder geval gaan we onszelf heel strak controleren,' licht de Arts toe. Hij wil nog één keer de lijst doorlopen die elk van ons moet bijhouden tijdens de klim. De zuurstofsaturatie in ons bloed gaan we meerdere keren per dag meten met behulp van saturatiemeters. Op een vragenlijst houden we bij hoeveel hoofdpijn we hebben, hoe misselijk, duizelig en moe we zijn. Plus of we nog rechtop kunnen lopen en 'mentaal in orde zijn'. Tot slot is het ook belangrijk om bij te houden in hoeverre er een externe zwelling waarneembaar is op ons gezicht en op onze handen. Impliceert de mogelijke aanwezigheid van externe zwellingen niet ook een mogelijkheid van interne zwellingen? Hoe weet je eigenlijk van jezelf of je mentaal in orde bent?

'Moeten we dit niet met z'n tweeën doen?' opper ik bij het bestuderen van de lijst.

'Ja, een buddysysteem!' Het idee wordt toegejuicht door de groep.

'Goed plan. Zorg voor vertrek dat je allemaal een buddy hebt,' draagt de Arts ons op. 'Wim, wil jij dan de buddy van Senior zijn?' De groep knikt instemmend. Senior krijgt zelfs twee buddy's: Wim en Junior gaan hem tijdens de reis in de gaten houden.

'Dan moet jij toch wel mijn buddy zijn?' vraagt de Journalist aan mij. Het is een logische keuze. Deze expeditie is voor ons op hetzelfde moment begonnen, bijna een jaar eerder, tijdens de training in Polen. Er is echter iets wat mij tegenhoudt.

'Wat, ben je bang dat ik het niet ga halen?' vraagt de Journalist plagend als hij mijn aarzeling bemerkt.

'Het staat vast dat jij de top gaat halen,' antwoord ik naar waarheid, terwijl ik tegelijkertijd zijn vraag ontwijk. Hij is het toonbeeld van fitheid, van vastbeslotenheid, niets wijst erop dat de tocht voor hem problematisch wordt. Het is dat andere gevoel, van tranen die op onverwachte momenten achter mijn ogen prikken, van verdriet dat vanuit de toekomst het heden binnen lijkt te vallen, dat mij doet twijfelen of ik wel de juiste buddy ben. Heeft hij niet iemand nodig die honderdvijftig procent in wonderen gelooft?

Nog maar amper een etmaal geleden hebben we afscheid genomen van Seniors broer en is het iets lastiger geworden om in wonderen te geloven. Hij is precies in de hem 'voorgeschreven tijd' heengegaan en ik merk dat ik voor de eerste keer ben gaan tellen. Wanneer was de diagnose van de Journalist ook alweer? Het was kort voordat we naar Polen vertrokken. Zou dit werkelijk helpen? Klimmen, bevriezen, marathons rennen? In wonderen geloven is nooit een specialiteit van mij geweest.

'Wat vind jij ervan?' De Journalist stelt nog voordat ik antwoord geef zijn volgende vraag en hij wijst naar de tafels, waar het gekibbel over de lengte van onze tocht voor de tigste keer in vierentwintig uur is opgelaaid.

'Wat ik ervan vind? Dat het totaal niet relevant is wat wij vinden. Dat onze beslissing geen enkel verband houdt met wat Wim bedenkt als we aan de voet van de Kilimanjaro staan. Hij gaat gewoon lopen en ziet het wel...'

De Journalist proest het uit. De zelfspot, de humor die varieert van mild tot snoeihard, hebben we vanaf dag één gedeeld. Alsook de stilzwijgende samenzwering dat we tot de 'normale' mensen behoren in deze groep, degenen die wél doorhebben hoe absurd dit alles is.

'Buddy... Ja, dat is een heel goed plan.'

## 7

Thuisgekomen zet ik een fles wijn op tafel. A. trekt zijn wenkbrauwen op, de afgelopen weken is wijn immers niet aan de orde geweest. Alles stond in dienst van de voorbereiding op de berg. A. zelf heeft zich er niet aan gehouden, maar het is een tijd geleden dat we gezellig bij de open haard wijn hebben gedronken. Vanavond wordt de open haard weer aangestoken en zet ik de glazen klaar.

Voordat we echt gaan zitten, ga ik nog even bij de kinderen kijken. Zoals altijd eindig ik bij de oudste: zo heeft hij het het liefst, ons gesprek niet onderbroken door zijn jongere broer en zus die het wachten op hun beurt als één grote lijdensweg ervaren en om de tien seconden vragen of ik nou eindelijk, alsjeblieft, eens een keertje ook bij hen kom.

'Kijk, zo ziet hij eruit.' M. toont me een tekening van een man gekleed in een zwarte cape, met een zwarte hoed op. Zijn gezicht is bedekt met een dikke zwarte baard.

'Dat is behoorlijk zwart,' zeg ik.

'Nog niet zwart genoeg!' antwoord M. met de stem van de slechterik. 'Hij gaat meer tekeer dan ooit! Van bijna alle volwassenen heeft hij de kleur al afgepakt en ook al van heel veel kinderen. En nu...' M. kijkt me doordringend aan, hij weet donders goed hoe hij spanning op moet bouwen, '... lijkt het erop dat zijn vriendinnetje er ook aan moet geloven!'

'O nee!' roep ik verschrikt uit.

'Ja... Ook zij... De Zwarte Tovenaar heeft haar te grazen genomen, ze ligt verslagen op de grond en als Colourboy niet snel genoeg bij haar is, zal ze voor altijd haar kleur verliezen.'

'Komt Colourboy haar redden?'

'Dat wil hij wel. Maar op het moment dat hij naar haar toe gaat, komen de drie pestkoppen...'

'Die dikke, die dunne en die normale?'

'Die, ja...' M. stopt even en peilt mijn blik om zich ervan te verzekeren dat ik niet de spot met hem drijf. Maar ik zou niet durven.

'Die pestkoppen dus en die gaan hem aanvallen... Met z'n drieën. En hij verliest.'

'O, dat is niet zo best.'

'Dat is helemaal niet zo best.' M. schudt mistroostig zijn hoofd.

'En toen?'

'En toen...' begint M. en zijn ogen lichten op. Zelf merk ik dat ik mijn adem inhoud.

'Toen kwam zijn vriend, om hem te helpen!'

'Vriend?'

'Zijn vriend, de Spiderman!' roept M. enthousiast.

'Ah.'

'Wat is er?' M. merkt de teleurstelling in mijn ogen feilloos op.

'Spiderman, die is nog helemaal nieuw in het verhaal, toch?'

'Ja?'

'Het is niet zo sterk om nieuwe personages te introduceren op het allerspannendste moment in je verhaal... Dan komen ze zo'n beetje uit de lucht vallen, snap je?'

'Oké... Best.' M. denkt even na. 'Maar wie moet hem dan helpen?'

'Hij mag best geholpen worden, maar het echte werk moet hij uiteindelijk zelf doen.'

Teleurgesteld kruipt M. dieper onder zijn lakens.

'Het is niet erg, schatje... Bij de beste verhalen kom je er vaak zelf pas tijdens het schrijven achter hoe het eindigt,' troost ik hem en ik geef een kusje op zijn voorhoofd. Officieel heeft hij alle liefkozingen van zijn moeder al een jaar eerder afgezworen, bij hoge uitzondering laat hij mij begaan.

'Mama?' vraagt hij als ik bijna zijn deur uit loop. Het licht heb ik al uitgedaan.

'Ja?'

'Gaan er ook mensen dood op die berg?'

## 8

'Waarom maak jíj je eigenlijk geen zorgen om mij?' vraag ik aan A. als we eindelijk met een glas wijn bij de haard zitten.

De afgelopen weken, maanden hebben de groepsleden zich sterk geconcentreerd op de beklimming van de Kilimanjaro. Dat heeft een zware wissel getrokken op onze omgeving, zeker op de mensen die ons na staan. Elke training komt het wel ter sprake: gedoe thuis, onbegrip.

Binnen onze familie is Senior een bliksemafleider geweest, de waanzin van zijn onderneming overtreft immers moeiteloos die van mij en Junior. De feestdagen werden er behoorlijk door getekend. Voor mijn schoonmoeder is er de laatste weken geen ontsnappen aan; de reis komt op elke familieaangelegenheid, elk bridgeavondje en elke dorpsbijeenkomst ter sprake. De Kilimanjaro gaat overal mee naartoe. De reactie van Senior is om mijn schoonmoeder niet meer van elke mailwisseling op de hoogte te brengen. Zo hoopt hij haar verdere confrontaties met de reis te besparen (alsook de nieuwste spanningen binnen de groep en zeker de meest recente voorbeelden van mensen die de berg nauwelijks overleefd hebben). Dat werkt uiteraard volledig averechts. Via een omweg, via Junior, mij of uit een andere hoek komen toch altijd weer nieuwe details ter sprake, verhalen over nieuwe deelnemers die zich op de valreep aansluiten (tot nu toe is er niemand die zich heeft teruggetrokken), wat het gevoel van mijn schoonmoeder buitengesloten te zijn alleen maar versterkt. Nu we bijna met één voet in het vliegtuig zitten, is haar angst zo sterk dat ze meerdere malen midden in de nacht wakker is geschoten om te controleren of haar man nog wel leeft, of de op handen zijnde reis, met alle (in)spanningen eromheen, niet al zijn tol geëist heeft.

Bij A. niets van dit al.

'Waarom ben je niet bang dat ík dood kan gaan?' verduidelijk ik mijn vraag.

'Omdat je niet doodgaat,' luidt het simpele antwoord.

Ergens vanbinnen voel ik boosheid opkomen. Een slechte uitkomst lijkt voor A. nooit een mogelijkheid te zijn geweest. Niet bij de diagnose, niet bij deze reis. A. is geen type om bij de dood stil te staan, hij is van het leven.

In die bewuste week, bijna vijf jaar geleden, zijn we niet alleen een stuk van onze toekomst, maar ook ons ongeboren kindje kwijtgeraakt. De zwangerschap was heel erg pril en te midden van het tumult dat de diagnose met zich meebracht, en zeker met twee gezonde jongens thuis, is het niet in ons opgekomen om ons over deze gang van zaken te beklagen. De weken verstreken, het stof daalde enigszins neer en het oorspronkelijke plan kwam weer op tafel. Was een derde kindje (een meisje?) nog steeds een optie? Was het opgeven van die wens niet een laffe knieval, die gelijkstond aan ons met hangend hoofd schikken in een opgedrongen lot?

'Plan A of plan B?'

'Plan A.' Nog voordat ik er zelf over uit was, kwam het antwoord al uit zijn mond. Geen idee hadden wij destijds hoe alles zou lopen. Wat als ik daadwerkelijk in een rolstoel terecht zou komen? Misschien hetzelfde jaar nog? Internet stond vol met verhalen van (aanstaande) moeders die het niet verantwoord vonden om hun (toekomstige) kind met een gehandicapte ouder op te zadelen. Een dergelijke terughoudendheid ten aanzien van het opzadelen van een kind met minder-dan-volmaakte ouders strookte met wat ik zelf ervaren had in de eerste levensjaren van mijn zoontjes. Met z'n allen streven we naar perfecte kinderen en we poetsen elk scheef tandje, flapoortje en spoortje van een spraakgebrek weg. Bij perfecte kinderen horen uiteraard perfecte ouders. 'Het komt vast wel goed,' zei A. monter, 'het is juist handig, een extra kind om je rolstoel te duwen.'

Denkend aan dat gesprek groeit mijn vermoeden dat A. zich vanavond evenmin tot melodrama laat verleiden. Rust, wijsheid en droge humor; het werkt. Vanavond is er geen ruimte voor ijs en kou. Bij het warme vuur maken we de fles soldaat.

X

# IEDERE GOD ZIJN REGENBOOG

I

Elke reis is een poging om jezelf te ontstijgen, om opnieuw geboren te worden of op zijn minst de wereld met nieuwe ogen te aanschouwen. Onze reis is dat allemaal in het groot, we willen niets minder dan een apotheose, we gaan voor het goddelijke. De stemming in het vliegtuig is uitgelaten, bijna dertig volwassenen die samen op excursie gaan.

Enkele rijen voor me zijn Wim en Alma aan het dollen. Ze maken grappen en lachen uitbundig. De levensvreugde en het plezier die van ze afstralen, zijn aanstekelijk. Twee rijen verder staat Senior op om zijn handbagage in het vak boven zijn hoofd te stoppen. Hij wordt door Junior aangestoten, ze maken een geintje en hij krijgt een twinkeling in zijn ogen, deze jongeling van amper vijfenzestig lentes oud. Met een schok besef ik dat ik vijf jaar eerder de overtuiging had dat mijn eigen bejaardentijd ergens rond mijn veertigste zou beginnen: de aftakeling en wellicht ook de geestelijke achteruitgang. Het beeld van mezelf op latere leeftijd was niet iets waar ik graag aan dacht. Ik zag dan ook niet een fitte bejaarde voor me, die tot op hoge leeftijd op avontuur gaat en een waardevolle bijdrage levert aan haar omgeving. Als ik zo naar Wim en Alma kijk, voel ik dit beeld in mijn hoofd verschuiven. Ik krijg ter plekke mijn eigen leeftijd terug en heb ineens weer net zoveel jaren voor de boeg als ieder ander.

## 2

Tanzania is een van de armste landen van de wereld, het bezit geen mineralen of andere verborgen schatten, die in de buurlanden wel te vinden zijn. Wat er wel is, is de berg, het dak van Afrika, de hoogste vrijstaande berg van de wereld. Een eenling is het in het gloeiende landschap, deze uit drie kraters samengesmolten vulkaan. Vanuit ons hotel is de berg goed te zien, het statige gevaarte dat er altijd al was en er lang na ons nog steeds zal zijn.

Kilimeyere, 'de berg die onmogelijk te overwinnen is', schijnt de originele naam in het Swahili te zijn. Onmogelijk te overwinnen, dat zullen we natuurlijk nog weleens zien.

De Chaga-mensen die nog maar een paar honderd jaar op de hellingen van de Kili wonen, schijnen in hun eigen taal een vergelijkbare naam te hebben bedacht: Kililema, wat 'moeilijk of onmogelijk voor de vogel' betekent.

Onze ogen zoeken telkens weer de Kilimanjaro, met de betoverende witte glinstering op en rond de top. De 'Witte Berg' is de simpelste naam die ooit aan de Kilimanjaro gegeven is, door de Masai. Aan de hoogste krater, de Kibo, heeft het nomadenvolk een poëtischer naam toebedeeld: het Huis van God.

Zo gaven de verschillende volkeren die sinds honderden jaren de heuvels rondom de berg bevolken een eigen duiding aan de berg. De glinstering die de berg bedekt, wat kon die anders zijn dan zilver? Het glom en lonkte, verleidde met zijn koude pracht. Het verhaal ging dat een van de vroege koningen een groep dappere krijgers de opdracht gaf om de berg te bestijgen en het zilver te gaan halen. Het Huis van God betrad je echter niet ongestraft. Een voor een lieten de berggoden de durfallen verdwijnen, totdat er nog maar eentje overbleef. Bevend haastte hij zich met zijn buit – een buidel vol met zilver – naar beneden. Zelfs hij die aan de toorn van de goden was ontsnapt, kon niet op een heldenontvangst rekenen. Nog voordat hij beneden was, veranderden de goden zijn buit, het ijskoude 'zilver', in water.

Weldra zullen ook wij het Huis van God betreden. Langs de kraterrand bewegen we ons dan naar het hoogste punt. Daar ligt de Uhuru-Peak, de Vrijheid-top: daar gaan we heen.

De temperatuur hier beneden bij ons hotel is ruim dertig graden, wat ijs, kou en gure winden tot een aangename abstractie maakt. Lui hangen we om het zwembad heen in een poging om de hitte zo veel mogelijk te verdrijven. Nog even helemaal niets, tot…

'De ceremonie begint zo.' De Sjamaan wekt ons uit onze halfslaap.

'Ceremonie?'

'We gaan de berg eren. Vragen om zijn zegen. Toestemming voor de klim.'

Van Krakauer leerde ik dat de sjerpa's van de Himalaya hun goden heel serieus nemen. De kans dat de goden je zullen ontzien is groter wanneer je je respectvol opstelt en de berg met daden en gebeden eert. Wanneer expedities mislukken wordt dat vaak toegeschreven aan onzedelijk, respectloos gedrag tijdens de reis. Dat kan het negeren van bepaalde rituelen zijn maar ook zondig gedrag. Er schijnt een expeditie afgelast te zijn doordat twee van de klimmers een buitenechtelijke relatie met elkaar waren aangegaan. De sjerpa's zagen dat als het tarten van de goden; voor hen stond vast dat de tocht een ongelukkige afloop zou hebben. In dat licht lijkt een extra consultatie van de berggoden voor onze groep, die zo meteen half ontbloot de berg op gaat, geen overbodige luxe.

Met z'n allen staan we in de kring in het donker, de lucht om ons heen wordt gezuiverd met kruiden, er is een ritueel met een veer. De Sjamaan staat in het midden en houdt een groot stuk transparant bergkristal omhoog.

'Dit is het hart van de groep!'

We vragen de berg om toestemming om hem te beklimmen. Dan houden we om de beurt het bergkristal omhoog en stellen ons voor hoe we zo meteen op de berg staan. Het is een mooie ceremonie, kundig geleid door de Sjamaan, helemaal in zijn rol, met een gladgeschoren hoofd en in een smetteloze, witte linnen broek. Hij neemt ruim de tijd voor het bewieroken van ieder groepslid tijdens het visualisatiemoment en ik merk dat tegen de tijd dat we bij de achttiende, twintigste persoon zijn aangekomen, het animo bij een deel van de groep begint af te nemen. We willen eigenlijk naar bed, morgen moeten we natuurlijk vroeg op... Dan, eindelijk, is de laatste persoon ook aan het woord geweest en lijkt de ceremonie afgesloten te zijn. Lijkt, want het een en ander dient afgesloten te worden met een nieuwe reeks zuiveringen en bezweringen. Een gevoel van langgeleden overvalt me, toen ik nog met mijn oma in Polen de kerk bezocht en steevast ongeduldig in het bankje heen en weer schoof, wachtend op de verlossende bel die het einde van de mis inluidde. Verbazingwekkend dat het eerste wat een mens doet die een nieuw pad betreedt (de Sjamaan was nog niet zo lang geleden een 'gewone' westerling met de bijbehorende slechte gewoontes), zelfs als het een 'onthecht' of 'verlicht' pad betreft, het scheppen van een nieuw kader is, een nieuw stel overtuigingen en waarheden.

Wims bijnaam voor de Sjamaan is 'de Dominee', geheel in overeenstemming met een opgelegd gebed.

'Dit kristal staat voor het hart van de groep,' rondt de Sjamaan de ceremonie af en hij houdt het kristal omhoog.

'Alma, je bent het hart van onze groep, bewaak het goed.'

'We go! No ego!' roept de groep tot slot uitbundig.

Grote woorden, grote gebaren. Komende uren moeten ze hun waarde bewijzen.

## 3

Deze laatste nacht kan ik de slaap maar moeilijk vatten. De elektriciteit in het hotel valt uit en de nacht wordt ondoordringbaar zwart.

Nooit heb ik mensen begrepen die in het pikkedonker verkiezen te slapen. Als ik mijn ogen 's nachts opendoe, moet ik alles kunnen onderscheiden. Zelfs als ik het gordijn opzijschuif, valt er geen greintje schemering in het donker. Mijn overactieve geest komt ongevraagd met tal van verklaringen voor de plotselinge stroomuitval: paramilitaire troepen die ons hotel ontmanteld hebben en zo meteen in de aanval gaan; een bende ordinaire rovers, die de kamers een voor een zullen afstropen, op zoek naar buit.

Mijn kamergenote is verzonken in een vredige slaap, onwetend van het scala aan verschrikkingen die ons boven het hoofd hangen.

Ik maan mezelf te stoppen. Tanzania is een veilig land dat de beschuldigingen van mijn hysterische geest niet verdient.

Zo dicht bij de evenaar komt de zon haast zonder vooraankondiging op. Slechts een kwartier schemering scheidt de dag van de nacht. Eindelijk mag ik mijn bed verlaten. Onze bus staat al klaar en een uitgelaten gevoel maakt zich van ons meester. Eindelijk, eindelijk gaat het beginnen! Het is het schoolreisjesgevoel, het we-gaan-het-doen-gevoel, een niks-houdt-ons-nog-tegen-gevoel.

Voor Wim het teken dat hij eindelijk zijn element mag betreden. Het niemandsland waar niemand anders is dan jij zelf, misschien zelfs het gebied voorbij jezelf, waar alleen het niets heerst, het gebied waar hij heer en meester is. Hier heeft hij naartoe geleefd, wij allemaal hebben hiernaartoe geleefd. We zijn klaar om te vertrekken, zo klaar om te gaan!

Maar niet voordat we ons met z'n allen geregistreerd hebben en onze paspoortnummers ingevuld hebben aan de poort van de Kili. Een voor een moeten we ons naar het loketje begeven. Een houten bordje boven het loket geeft 1830 meter aan, dat is de starthoogte van onze reis. Nog geen vier dagen geleden was ik thuis, dat zich 5,7 meter onder het zeeniveau bevindt.

Tergend langzaam schrijft de beambte onze paspoortnummers op.

De zon schijnt ongenadig op ons neer.

Vanuit het laatste stukje schaduw voor het registratiehuisje kijk ik naar het team dat zich klaarmaakt om ons te vergezellen. Zeventien gidsen gaan er met ons mee. Een terugtocht is op elk moment mogelijk. Het zijn geoefende gidsen, die gemiddeld de helft van het hoogseizoen op de Kili doorbrengen. Ze zijn fit, geacclimatiseerd en getraind in het herkennen van verschijnselen van hoogteziekte bij de klimmers. De koks en de dragers, veertig in totaal, zijn de echte helden van deze reis. Zij zullen hetzelfde pad als wij en de gidsen afleggen, maar dan met twintig kilo bepakking op hun rug. Steekproeven hebben echter uitgewezen dat het gewicht van de bepakking doorgaans rond de tweeëntwintig kilo ligt. Het lot legt er bij deze mensen steevast een schepje bovenop. Een ietwat geruststellender gegeven is dat de dragers, de porters worden ze hier genoemd, sinds 2013 op een gemiddelde van twee maaltijden per dag zitten. Deze concessie is afgedwongen door organisaties die voor ze opkomen. Blijkbaar zijn dit soort menselijke gebaren niet vanzelfsprekend. Ieder van ons had ook een eigen rugzak mee met de verplichte twee liter water erin plus snacks, pleisters, hoofdlampje, zaklamp en een regenponcho. Een deel van mijn water zit in een camelbag, waar een slangetje uit steekt, vastgemaakt aan de schouder van mijn tas. Het tuutje kan ik op elk gewenst moment in mijn mond stoppen.

Onze zorgvuldig uitgezochte rugtassen, kleren en schoenen steken overdreven af bij de afgetrapte schoenen van de dragers en de koks. Hun enige meevaller is dat zij niet op de beambte hoeven te wachten en meteen op pad zijn gegaan. Dat is al ruim een uur geleden.

'Wonen er nog speciale berggoden op de berg?' vraag ik aan een van de gidsen om de tijd te doden. Het is niet de bedoeling om tijdens de tocht een praatje te maken; de aandacht dient volledig op de ademhaling gericht te zijn. 'Berggoden? Er is toch maar één god?' antwoordt de gids verbolgen.

Tijdens mijn eerdere bezoeken aan dit deel van Afrika leerde ik dat nog voor de komst van de missionarissen de religies van de meeste stammen in deze regio al overwegend monotheïstisch waren. Er bestonden weliswaar vele geesten en voorouders die rondzwierven en zich met van alles en nog wat bemoeiden, maar het was vooral de overijverige inborst van de missionarissen geweest die hen allen tot afzonderlijke afgoden had bestempeld. Al die ronddwalende entiteiten werden in de oorspronkelijke religies doorgaans door slechts één almachtige schepper aangevoerd. Het antwoord van mijn gids, een Masai, hoeft dus helemaal niet naar de god van de missionarissen te verwijzen. Ik zal hem op een later tijdstip om advies vragen hoe het beste met de god in kwestie om te gaan. Niet dat de Almachtige, Afrikaanse stijl, zich graag met de mens bemoeit. Hij is vooral buitengewoon bedroefd over de onvolmaaktheid van zijn eigen schepping. In vertellingen schudt hij vaak zijn hoofd, wendt het gelaat af in verdriet en vermijdt elk contact. De mens moet zich maar zelf redden. En hij moet het vooral uit zijn hoofd laten om de god te storen! De mens dient simpelweg tevreden te zijn met zijn eigen lot. Pogingen om een ladder naar de hemel te bouwen om zo het contact met de god te leggen zijn dan ook het onderwerp van menig legende, steevast met een ongelukkige afloop.

Terwijl ik de verschillende legendes uit mijn geheugen opdiep, stelt Senior zich op bij de waarschuwingsborden die de toegang tot de berg flankeren. Het zijn twee houten panelen met een lijst met geboden waar de Kilimanjaroklimmers zich aan moeten houden.

NEEM VOLDOENDE TIJD OM TE ACCLIMATISEREN.

DRINK 4 TOT 5 LITER WATER PER DAG.

BEN JE HARTPATIËNT? ZIE DAN VAN DE KLIM AF.

Lachend neemt een groepsgenoot een foto van Senior, met het bord op de achtergrond.

## 4

Dan mogen we eindelijk op weg. Het eerste stuk leidt ons door de jungle. De aarde is rood. De lucht dik en verstikkend. Het pad dat ons door het woud leidt gaat steil omhoog en wordt onderbroken door dikke balken die de erosie tijdens de regentijd tegen moeten houden.

De temperatuur schommelt nog steeds rond de dertig graden en binnen de kortste keren zijn we doorweekt van het zweet.

De route leidt ons door dicht tropisch regenwoud, langs ceders, kamferbomen en rode stinkbomen. Veel van de bomen zijn hoger dan dertig meter. Ze hangen vol met parasitaire klimplanten, een soort lianen, of zijn bedekt met de oudemansbaard, een korstmos dat uit lange dunne slierten bestaat en ze het voorkomen geeft van kerstbomen behangen met engelenhaar. De oudemansbaard blijkt een heel vriendelijk plantje, eetbaar, rijk aan vitamine C en een goed antibioticum. Niets groeit hier voor zichzelf, alles wordt door een ander organisme als beschutting, voedsel of opstapje naar de zon beschouwd. De gids vertelt ons dat de bomen bovenin overdekt zijn met orchideeën en ik tuur omhoog om die te ontdekken. Al snel merk ik echter dat de steilheid en de hitte zich doen gelden. Goed bijblijven en mijn energie op peil houden vergt al mijn aandacht en ik laat het speuren naar bloemen of de aangekondigde exotische vogels (waaronder de neushoornvogel, die ik voor een toekan aanzag) voor wat het is.

Ik wilde meer horen van 'mijn' gids over de god waaraan hij refereerde, maar het voelde als een inbreuk op... alles. Wij als groep waren een inbreuk. Door de manier waarop we hier binnen waren komen vallen, half ontbloot en al, was het niet moeilijk om je voor te stellen dat elke godheid fronsend op ons neer zou kijken. Hoeveel kristalceremonies we ook deden. Bovendien, we werden helemaal niet geacht te spreken, de afspraak was om deze tocht zwijgend af te leggen, in opperste concentratie, gefixeerd op onze ademhaling. Wilde je afleiding zoeken, dan toch voornamelijk in de kronkels van de eigen geest. Voor deze reis had ik me goed ingelezen en hier, in het aardse paradijs, vol met groen, vruchtbaar blad en geluiden die de aanwezigheid van duizenden wezens verrieden, herinnerde ik me het verhaal van Ruwa, die voor het Djaga-volk, eveneens bewoners van dit gebied, de hoogste godheid was. Uiteraard nam ook deze entiteit zitting op de top van de Kilimanjaro. Hij genoot zo van het uitzicht dat hij besloot om er een passende tuin bij te scheppen, een eigen versie van Eden (of was dit het origineel?), met in het midden, inderdaad, een boom met verboden vruchten... In ieder geval een rijzige plant, met yams in dit geval, geen appel maar een aardappel. Natuurlijk, ook hier mocht niks van geplukt worden, nee, vast niet. Ook Ruwa hield niet van menselijke inmenging in het goddelijke; hemelse inzichten kon de mens simpelweg niet bevatten. In de tijd dat Ruwa's boom geschonden werd, bestond de mensheid al een tijdje en het is niet helemaal duidelijk wie de verboden vrucht geplukt heeft. Evengoed liep het met deze Hof van Eden-schenders ook niet goed af: wég onsterfelijkheid, met alle ellende van dien.

Voor me loopt Senior en ik hoef niet te vragen hoe het met hem gaat. Straaltjes zweet lopen over zijn rug, zijn ademhaling is schokkerig en oppervlakkig. Te snel, niet diep genoeg. Geen goede voorbode voor de latere delen van de klim, wanneer we boven de drieduizend meter gaan stijgen en de zuurstof schaarser en schaarser wordt. Slechts één mantra vormt zich in mijn hoofd: niet doodgaan, niet doodgaan. Een gedachtegang die tegen alle richtlijnen ingaat en mijn moreel niet bepaald opkrikt. De megalomane omvang van de onderneming begint tot me door te dringen en met terugwerkende kracht neem ik alle verwensingen die ik ooit inwendig heb geuit richting de Arts, terug.

Junior houdt zijn vader net zo scherp in de gaten als ik en neemt een plek in pal achter of naast zijn vader, om die de rest van de tocht niet meer te verlaten. We passen ons tempo aan en na een korte pauze hervatten we onze reis.

We passeren de Mandara-hutten op 2720 meter, normaal gesproken de eerste overnachting op deze route. Voor ons is dit slechts een korte tussenstop. We zijn al ruim vier uur onderweg. Naar verwachting hebben we er nog vijf voor de boeg. In overleg met Wim en de gidsen loopt Senior nu voorop, met Junior onafscheidelijk aan zijn zijde. Het landschap is vlakker hier en de temperatuur wordt ietsjes lager. Senior lijkt een geschikt tempo gevonden te hebben. Zijn ademhaling is weer diep, zuurstof weer op peil.

Afwisselend loop ik met de verschillende groepsleden

op. Dit is het, hier hebben we al die tijd naartoe geleefd. Zesentwintig zoekers bij elkaar. Ik waag me er niet aan de uren te tellen die we als groep hebben gewijd aan het zoeken naar het 'iets' in ons leven, het 'iets' wat aan alles weer zin zou geven, een verklaring zou bieden. Het eeuwige zoeken mag dan een bezigheidstherapie zijn voor de moderne mens, maar er speelde wel degelijk van alles onder het beschaafde buitenkantje van de homo sapiens. Dit rusteloze dwalen, verdwalen en vooral afdwalen, onze harten vol hoop, de missie helder, er is een uitstekende reden voor: het voelt goed. Alle laagjes, muurtjes, gewoontes, overtuigingen, ingesleten patronen van het leven van alledag, dat alles zorgt ervoor dat we niet helder meer zien, te weinig horen en niet veel meer voelen, bedolven onder de impulsen van alledag, vakkundig gevoed door de industriële, gedigitaliseerde samenleving en hardnekkige sociale conventies. Misschien zal het niet straks op de top zijn, maar tijdens de tocht zelf voelt het leven zoals het op het diepste niveau zou moeten voelen, synchroon met z'n allen in beweging, laagje voor laagje eraf pellend. Wat eronder ligt wordt voelbaarder, hoorbaarder, als een zacht aanzwellend gezoem, dat er altijd is geweest, maar dat je nu pas voor de eerste keer hoort, of juist weer hoort, want het klinkt bekend.

Langzaamaan beginnen we het paradijselijke regenwoud achter ons te laten. De bomen worden schaarser, maken plaats voor struikgewassen. Het boomrijke gebied dunt uit en we betreden het veenlandschap. Het klimaat op deze hoogte, rond de 2500 meter, is niet langer geschikt voor een uitbundige variëteit aan flora en fauna: slechts een select groepje bewoners is hier nog welkom.

De indrukwekkende bomen en hoge bloemenstruiken die je overal in het regenwoud tegenkomt hebben plaatsgemaakt voor kruidachtige planten: witte steenbreek en een enkele reuzengladiool. De begroeiing is veel lager, waardoor onze blik veel verder kan reiken. Het landschap wordt overheerst door heide en verschillende mossoorten, waarbij twee planten domineren: de reuzenlobelia, een lange, fallusachtige plant die nog het meest op een uitgerekte ananas op zijn kop lijkt. De ander is het reuzenkruiskruid. Deze plant heeft een stam met de ruwe structuur van een palmboom en draagt een weelderig doch compact bladerendek. Door de temperatuurdaling krijgen enkele groepsgenoten een duidelijke opleving in hun energieniveau en ze bestormen regelmatig een van deze boompjes om erin te klimmen, gekkigheid uit te halen. Zo van dichtbij de plant bekijkend valt het op dat de stam niet uit schors bestaat maar uit de dode bladeren van de voormalige groene, bloeiende knop, die na het afsterven als ondersteuning en bescherming dienen van de nieuwe, groene bol van verse bladeren, de nieuwe knop. De verdorde bladeren zijn als een zichtbare, actieve stam van voorouders, die zelfs na het verdorren hun dienstbare taak blijven vervullen. Het schuldgevoel van een moeder die een steeds onherbergzamere berg op loopt, terwijl ze nuttiger dingen te doen heeft, steekt de vertrouwde kop op. Het is niet voor niks dat ik de enige moeder op deze missie ben. Alma heeft kinderen, maar die zijn groot, weldra krijgen die zelf kinderen.

Die van mij zijn juist nog zo klein. Deze reis kostte zoveel geregel, geld en gedoe, om over de gevaren nog maar te zwijgen. Is hier wel een rechtvaardiging voor? Ik heb weinig anders naar voren te brengen dan: als deze hele exercitie me ook maar een jaar, een maand, laat het een week zijn, verder zal brengen van het leven op de bank, dan blijkt het een goede keuze te zijn. De lucht rondom mensen met een leven op de bank is zo dik en verstikkend dat ik mijn kinderen dáár tegen dien te beschermen. Dat de enige vluchtroute die ik kon bedenken langs deze rotsige paden leidt, het zij zo.

## 5

We laten de stralende blauwe hemel achter ons en lopen richting donkere wolken die zich voor ons samengeklonterd hebben tot een laaghangende, dreigende deken. Weldra zullen we de tocht in de regen voortzetten. Het wispelturige weer zorgt er echter ook voor dat aan onze rechterzijde een prachtige dubbele regenboog opkomt, die zo uit de flank van de berg lijkt te ontspringen. Nooit eerder leek een regenboog dichterbij. De pot met goud is binnen handbereik.

'De goden zijn ons goedgezind!' juicht de Sjamaan. 'Dit is een heel gunstig teken!' deelt hij ons glunderend mee.

Dat hebben we met de bergkristalceremonie toch maar mooi gefikst.

Het lijkt me niet het moment om het verhaal van Mukunga-M'bura met de groep te delen, de demon verkleed als een regenboog. Niks pot met goud aan het einde van het betoverende verschijnsel; hier op de hellingen van de Kilimanjaro is een regenboog gewoon een handige camouflage van een kwaadaardige geest om zo het vee en, als het zo uitkomt, een paar dorpelingen op te peuzelen. Een regenboog als goed teken, een regenboog als kwaadaardige demon, de menselijke geest is altijd op zoek naar een verklaring. De mogelijkheid dat we op een zeker moment, met de laagstaande zon in onze rug, op het goede punt ten opzichte van de wolken staan, is een te prozaïsch gegeven om onze heilige missie te ondersteunen. Zeker als het verschijnsel zo mooi en betoverend is als deze regenbogen. Het zijn werkelijk prachtige exemplaren, de eerste zo intens en kraakhelder dat de kleuren bijna tastbaar lijken. Het prachtige rood aan de buitenkant van de boog, de paarse binnenkant, en dat wat we niet zien: infrarood, ultraviolet, plus het oneindige aantal kleurschakeringen in de regenboog zelf. Er is nog meer dat we niet registreren: de interne reflecties van de regendruppels hebben mogelijk ook een derde regenboog gecreëerd, een vierde, een vijfde, theoretisch kan zich dat eindeloos herhalen. Wij aanschouwen slechts een beperkt deel van het schouwspel, telkens weer.

Al snel verdwijnt de zon achter de horizon. Gehaast halen we onze hoofdlampjes uit de tassen en maken die vast. Door het late vertrek en de dubbele afstand die we vandaag lopen, zijn we gedwongen een deel van de etappe in het donker af te leggen. De verzengende hitte, die al geleidelijk minder is geworden met elke meter die we in hoogte stijgen, verdwijnt net zo plotseling als de zon. De koelte verrast ons. De regen is kouder dan verwacht.

We lopen door de wolken die ons net nog zo'n prachtig schouwspel voorgeschoteld hebben, maar die ons nu met klamme vochtigheid omhullen en dikke regendruppels op ons laten vallen. Het rotsige pad, dat zelfs bij daglicht en droge weersomstandigheden al veel oplettendheid vergt (een verstuikte enkel betekent einde van dit avontuur), wordt op slag glibberig en daarmee nog verraderlijker.

Onze lampjes schieten heen en weer. Opkijken, de blik van het pad afwenden, dat wordt terstond beboet. Regelmatig klinkt er gevloek: verkeerde stap, verlies van evenwicht. Werd onze zwijgzame tocht gedurende de dag met grapjes en zelfs nog af en toe een lied opgeluisterd, in deze laatste uren is het echt stil, op het gevloek en een enkele aanwijzing na,

'Denk aan je adem! Hou je zuurstof hoog!'

Diep ademend bewegen we ons voort, stap voor stap, voetje voor voetje. Elke stap is beslissend, elke ademhaling bepalend voor hoe de tocht verloopt.

De dragers en de koks zijn nog ruim voor ons bij de Horombo-hutten aangekomen. De hoogte hier is 3780 meter. We zijn de laatste groep die gaat eten en slechts één tafel is bedekt met een kleed. De kleur van het kleed moeten we onthouden: zo herkennen we onze tafel een dag later weer.

Het afzien begint al voelbaar te worden. De twee trajecten – voor elk traject werd tussen de vijf en zeven uur tijd aangeraden – hebben we binnen negen uur afgelegd. Mijn gedachten dwalen af naar de staf, die zwaarbepakt dezelfde route heeft afgelegd. Gemiddeld brengen de dragers, de koks en de gidsen tijdens het seizoen vijftien dagen per maand op de berg door, acclimatisatie zou dus geen probleem moeten zijn. Toch vallen ook onder hen elk jaar weer slachtoffers door hoogteziekte. Gids zijn heeft een hoge status en ook de baan van drager of kok ligt niet voor het oprapen, niet iets wat je makkelijk opgeeft door een ogenschijnlijk klein ongemak als hoofdpijn of moeilijk lopen. Drie dragers waren onlangs nog aan onderkoeling bezweken, omdat ze gedwongen werden buiten de hutten en tenten te slapen.

Bijgelicht door één lamp – elke watt is hier kostbaar en schaars – wordt dat wat onze wereld de vorm geeft, het voortdurende gevecht om energie hier op de berg zichtbaar en concreet. Immers, degene die de energiebronnen beheerst, heerst over de wereld.

Energie is meer dan verlichting; het is ons leven. Zelfs uitgaande van de eenvoudigste voedselketen is de mens een veeleisend baasje. Zeg maar gerust een vreetzak. Een van de berekeningen, uitgevoerd door Taylor Miller, heeft als uitgangspunt mensen genomen die louter van forel leven. Dan zijn er minstens driehonderd forellen nodig om één man een jaar lang van voedsel te voorzien. Deze vissen eten op hun beurt negentigduizend kikkers. De kikkers eten zesentwintig miljoen sprinkhanen, die zelf weer een slordige duizend ton aan gras oppeuzelen. Duizend ton gras, zesentwintig miljoen sprinkhanen, negenduizend kikkers en driehonderd forellen. Dat is er minimaal nodig om één man een jaar lang van forel te voorzien.

Onnodig om te zeggen dat de voeding van de moderne mens uit veel meer voedingsmiddelen bestaat dan forel. De moderne mens onttrekt energie aan zijn omgeving in een ongekend hoge mate, de miljoenen sprinkhanen, de tonnen gras vallen in het niet bij wat we dagelijks consumeren. Het woord 'consumeren' is al een misleiding op zich. Want in tegenstelling tot de forel, is het gros van alles wat we aanschaffen niet eens bedoeld om ons te voeden of als noodzakelijk gebruiksvoorwerp te dienen: we leven in een wereld waarin tachtig procent van alles wat we kopen, binnen zes maanden weggegooid wordt. Het meeste hiervan – verpakkingen, prullaria, wegwerpservies – binnen een dag, een uur.

Het ontwaken in ons hotel, de doorwaakte nacht: het lijkt jaren geleden, hier in het kamp, uren van de eerstvolgende nederzetting vandaan. Deze reis werpt ons niet eens terug op de natuur, die presenteert ons alleen maar tijdelijk een simpeler versie van ons leven, waarin we nog steeds niet de savanne hoeven te doorkruisen op zoek naar een dier, een sprinkhaan of iets anders eetbaars. De met zorg bereide maaltijd steekt schril af bij de ruwheid van de berg die al je energie opeist. Hadden we voor eigen eten moeten zorgen, dan was de missie bij voorbaat mislukt.

## 6

Een groot deel van de groep slaapt op de zolder van de hut in stapelbedden. Mijn bed is boven dat van de Brandweerman. Al slapen we met de ramen open om het zuurstofpeil zo hoog mogelijk te houden, liggend in mijn slaapzak krijg ik het toch benauwd. Het bed komt bijna tegen het schuine plafond aan, het duister voor mijn ogen is bijna tastbaar.

Slapen op grote hoogte – we zitten hier op 3700 meter – schijnt niet altijd een aangename ervaring te zijn. Doordat de hersenen mogelijk onvoldoende zuurstofprikkels krijgen, kan het zijn dat je niet vaak genoeg ademhaalt en in paniek ontwaakt. Ik trek de slaapzak nog maar eens wat dichter om me heen, maar bedenk dan dat als ik zo ingepakt in doodsangst wakker schrik, ik met slaapzak en al naar beneden donder. Dus lig ik zo stil mogelijk, wat me maar matig lukt, en staar in het donker. Ik denk aan mijn kinderen, ik denk aan A. Weer vraag ik me af wat ik hier in hemelsnaam doe. Hoe moet ik deze tocht volbrengen? De zuurstof zal alleen maar minder worden en vanaf morgen zal met elk uur van onze tocht ook de temperatuur dalen.

De kou, het zuurstofgebrek, de waanzin, alles vliegt me naar de keel. De paniek wacht niet tot ik slaap en sluipt zelfs in mijn waaktoestand in mijn lichaam en beneemt me de adem.

'Wat is er?' vraagt de Brandweerman als ik me voor de zoveelste keer omdraai.

'Ik ben bang dat ik uit bed ga vallen,' zeg ik zwakjes.

Hij lacht een beetje, maar voor ik het weet springt hij uit bed en bouwt een soort antivalhekje van zijn bergstokken. Het is een magere, wankele constructie die op geen enkele manier een eventuele val gaat breken, maar het helpt. Het leidt me af en wie weet, als ik vannacht ertegenaan val, zal ik tenminste wakker schrikken voordat ik naar beneden donder.

Liggend op mijn rug, als de zwarte dikke duisternis weer op me leunt, zie ik in hoe funest het is, mijn strakgespannen lichaam. Het gaat me breken, als het niet vannacht is, dan wel morgen. Een voor een ontspan ik mijn lichaamsdelen, voeten, benen, buik, nek en schouders. Het loslaten voelt als een overgave aan dat zwarte, harige monster dat boven mijn lichaam zweeft, de paniek die me omsluit en in haar klauwen heeft. Kom op dan.

Vol adem ik het duister in en vrijwel meteen val ik in een diepe slaap.

Slechts twee uur later worden we wakker gemaakt en naar de eetzaal gedirigeerd. Hier doen we met z'n allen de ademhalingsoefeningen, we puffen en snuiven alsof ons leven ervan afhangt en misschien is dat ook wel zo. We meten de zuurstofverzadiging in ons bloed voor en na de ademhalingssessie. Bij iedereen staat de score na de oefening op bijna honderd procent, gemiddeld een vijfde hoger dan ervoor. Deze geruststellende score is de reden voor de nachtelijke hijgpartij. Terwijl we overdag heel secuur op onze adem letten, gaat dat uiteraard niet tijdens de slaap: het gevaarlijkste moment tijdens onze missie. Na de sessie is het zuurstofniveau in ons bloed van grofweg hetzelfde niveau als van personen die zich op het zeeniveau bevinden.

We zoeken onze buddy op, vullen de vragenlijsten in. De Journalist voelt zich goed, al heeft hij geen oog dichtgedaan. Velen hebben slecht geslapen. Na deze exercitie mogen we voor twee uurtjes ons bed weer in. Ook nu val ik meteen in een diepe, droomloze slaap.

## 7

Nog voor het bleke ochtendlicht moeiteloos alle schimmen van de nacht ervoor heeft verdreven, staat er een koninklijk ontbijt voor ons klaar.

Van de ruim vijftig dragers, koks en gidsen die met ons meereizen blijft een deel onzichtbaar. Slechts een viertal donkere handen zet de verschillende etenswaren op tafel en verdwijnt dan weer geruisloos. Dik ingepakt als ze zijn, kan ik ze nauwelijks onderscheiden. Er is koffie, thee, warme melk en chocomelk, er zijn gebakken eieren en worstjes, en er is toast die het vermoeden wekt recht boven een smeulend vuurtje te zijn geroosterd, maar toch, er is toast. Een beter ontbijt dan ik thuis krijg.

Het zachte, groenige landschap rond de Horombo-hut ziet er uitnodigend uit. Het eerste, zichtbare deel van het pad is eerder een glooiing dan een bergpad en lokt ons met de zachte belofte van een aangename wandeling. Buiten puffen we ons moreel weer op tot de gebruikelijke hoogte en vol goede moed hervatten we onze tocht. Al snel na de Horombo-hut wijken de lage struiken die de heuvel van een zachte groene laag voorzien om plaats te maken voor wat alpine desert heet, een woestijnachtige, rotsige en kale vlakte waar de wind vrij spel heeft. Ook passeren we het Last Water Point op 4200 meter: hierna is er geen vast punt waar je water kunt halen en moeten de voorraden naar boven getild worden. We zijn dichter bij de zon dan ooit tevoren en toch lijkt die hier bleker, niet warmer. Een lichte mist bedekt het hele gebied en geeft het een surrealistisch aanzien.

We zijn moe. Het zwijgen kost geen moeite meer. Door de stijging en de vochtige mist die ons omringt, wolken eigenlijk, daalt de temperatuur drastisch. Regen of misschien zelfs sneeuw zal weldra vallen, de aankondiging is al tastbaar in de lucht. We raken nog meer naar binnen gekeerd, geconcentreerd halen we adem, de strijd om zuurstof en warmte is echt begonnen.

Een kiezeltje schiet in een van mijn gaiters. Ik heb hem niet vast genoeg om mijn kuit gezet. Nogal een onderneming om te bukken zonder het loopritme te verliezen. Elke verandering in tempo is meteen merkbaar voor hen die direct voor, naast en achter me lopen. De gidsen die waakzaam opkijken, een lid van de groep dat uit zijn concentratie schiet, elke onverwachte beweging veroorzaakt een golfje aan reacties. Ik friemel in de gaiter zo goed en zo kwaad als het gaat en zonder een al te grote onderbreking lopen we in stilte door.

De gaiter, een soort afgeknipte broekspijp die je over de bovenkant van je wandelschoen aantrekt, juist bedoeld om te voorkomen dat er steentjes in je schoenen komen, heb ik van een collega geleend, mijn rugzak van mijn buren. Hetzelfde geldt voor mijn slaapzak, die geschikt is voor temperaturen tot min tien graden Celsius. De spullen scharrelde ik bijeen met behulp van Peerby, een app waarmee je de meest uiteenlopende zaken van je buren kunt lenen of zelf aan hen kunt uitlenen. Spullen delen blijkt een natuurlijke behoefte van de mens te zijn, gezien de vele oproepen die dagelijks in de buurt gedaan worden en de snelheid waarmee vele gegadigden zich melden om aan mijn vraag te voldoen. Voor deze reis was het in ieder geval een geweldige oplossing en snel had ik me door de lijst met spullen geworsteld die me anders honderden euro's hadden gekost en naar alle waarschijnlijkheid maar één keer gebruikt gingen worden.

Opeens herinner ik me dat ik eigenlijk alles wat ik mee heb op deze reis van of via anderen heb verkregen. Mijn schoenen heb ik via Marktplaats gekocht. De voormalige eigenaar, een fris meisje dat de schoenen een halve maat te groot had gekocht, kwam ze helemaal naar station Haarlem brengen voor de overdracht. Daar heb ik ze op het perron gepast. Zonder te aarzelen of acht te slaan op de drukte om ons heen knielde ze, te midden van de dagelijkse stroom forensen, om me vakkundig de juiste manier te tonen om de veters te strikken. Het voelde zo vanzelfsprekend, de zorg die ze uitstraalde, deze Marktplaats-onbekende. Als ervaren wandelaar kende ze het belang van goed zittende schoenen en strak gestrikte veters als geen ander. Met terugwerkende kracht dank ik haar, zowel de veters als de schoenen hebben me hierna geen ogenblik in de steek gelaten.

De warme kleren om straks op de top aan te trekken (alwaar het beruchte 'we zijn klaar' ongetwijfeld weer de betovering zal verbreken) heb ik van een schoolvriendin van mijn man geleend. De geïsoleerde drinkflessen van een collega en de muts die ik in mijn tas heb, voor straks op de top, heb ik van een groepsgenoot gekregen omdat de mijne niet ingepakt is of in het hotel is achtergebleven. Het vernuftige lampje op zonne-energie, ook geschikt om mijn telefoon mee op te laden, een echte Waka Waka, kreeg ik van een collega voor mijn verjaardag.

Behalve met mijn schoonfamilie, die het onderwerp net zo vaak besprak als meed, heb ik niet veel over deze reis gepraat. Mogelijk wilde ik niet weten wat mijn omgeving ervan dacht. Het besef hoeveel iedereen heeft bijgedragen overvalt me. Leven in je eentje is een illusie, een hersenspinsel. We kunnen niet anders dan met anderen leven; zelfs de meest afgezonderde mens nuttigt voedsel waar een ander zich voor ingespannen heeft, luistert muziek gemaakt door een ander, draagt kleding geweven door anderen, onbekenden, vaak aan de andere kant van de wereld. Deze reis is niet anders, die stoelt op al die mensen, alles in het hele leven bestaat bij de gratie van een ander. Zo denk ik aan elk van hen die allemaal met giften, daden en woorden bij me zijn op deze reis.

Ik denk aan A. en het feit dat hij me heeft laten gaan. Zo onverschrokken en vol vertrouwen in het kunnen van zijn vrouw. Geen onvertogen woord over de uren die in de training zijn gaan zitten, maar bovenal: geen angst. Ik zou willen dat hij hier was en denk zo intens aan hem dat ik me niet kan voorstellen dat hij het niet voelt. Ik denk aan onze kinderen en vooral aan ons dochtertje. Op de plek waar niets had kunnen zijn, was nu alles. Ook dat had met vertrouwen te maken, met op je gemak leren zijn met onzekerheid, niet weten wat er komen gaat.

En ik denk aan mijn werk, de plek waar ik altijd zo gelukkig ben, aan iedereen die daar werkt, elke dag met zoveel intensiteit en zoveel betrokkenheid. Elk van hen kan elders terecht, voor een beter salaris en met een groter bureau. Elk van hen is gebleven en zet zich voor een ander in: voor de onbekende die ze waarschijnlijk nooit zullen ontmoeten. Ook op dit moment zijn ze hard aan het werk, daar duizenden kilometers verderop, en het komt me voor dat de wereld niet slecht kan zijn.

Mogelijk gelden er beschermingsmechanismen die ons in ons dagelijks leven tegen intense emoties beschermen. Te heftig, te ontregelend voor een normale dag, maar hier prima op hun plek. Misschien was een wereld waarin we te midden van anderen hartverscheurend ons verdriet eruit konden gooien, met de bijbehorende opluchting, met de bijbehorende verbinding met de ander, beter geweest. Wij die in het normale, dagelijkse leven elkaar slechts passeren, holle vragen stellend waar quasi geruststellende antwoorden op dienen te komen, zouden ons vaker één mogen voelen, als één geheel mogen opereren.

Een hartverscheurend verdriet komt op, maar ook alomvattende blijdschap. Het is zo overweldigend en heftig, en het gekke is: deze emoties voelen niet eens alsof ze van mij zijn, zitten niet vast aan een ervaring of gedachte, ze moeten er gewoon uit, de wereld in, hier, alsof de cellen van mijn lichaam eruit gooien wat ze altijd al wilden zeggen. Of spraken ze al die tijd al? En is wat ik voel slechts een nieuwe dimensie die ik waarneem, een trilling, onze trilling, die je alleen waarneemt als je al het andere negeert (stilte, uitputting die de schreeuwende pijn overstemt, ogen die alleen het pad waarnemen, verkleumde vingers die elk tastvermogen ontberen, uitgedroogde mond die alleen om vocht vraagt).

Uit mijn doen loop ik te huilen, een kwartier, een halfuur, misschien wel langer, en niemand kijkt ervan op of om, afgezien van een bemoedigende duim omhoog of een vluchtige knuffel. Het verbaast me niet dat ik tranen zie bij groepsgenoten, bij de Journalist is de ontlading zelfs zo groot dat hij even niet meer verder kan.

'Het is goed. Het is overwonnen,' mompelt hij als ik hem een knuffel geef.

We lopen weer verder.

Het gouden haar van Alma flitst enkele meters voor me op. Ik denk aan haar vriendelijkheid, haar natuurlijke warmte. Onze Alma. Het hart van de groep. Alma Mater.

De zorgende moeder. De voedende moeder.

Ineens loopt ze naast me: mijn eigen moeder. Zij die mij het leven schonk. Als vanzelf hoor ik het lied dat ze altijd voor ons zong: het lied van de zigeuners, de nomaden die de wind achternagingen, de zelfverkozen zwervers van wie de wereld was. Terwijl het al bijna vijftien jaar geleden is dat zij het zong, dat zij er was. Mama's stem wordt luider en vervult mijn hart. Met haar gezang steekt ook een ijzige wind op en strijkt langs mijn ontblote, reeds koele huid. Met de Kibo-hut al in zicht hebben we nog ruim een uur lopen voor de boeg. Dikke, vochtige sneeuwvlokken vallen op mijn haar en armen.

Toch blijf ik warm. Het zijn de kussen van mijn moeder, de honderden kussen, duizenden kussen, niet in mijn hoofd maar op mijn huid, als herinnering opgeslagen.

De kussen van mijn moeder komen tot leven en maken mijn huid gloeiend warm.

# XI

# DE NAAKTSLAK EN DE BERG

## I

Normaal gesproken begint het laatste gedeelte van de klim, het stuk van de Kibo-hut op 4700 meter naar de Uhuru Peak op 5895 meter, om twaalf uur 's nachts. We besluiten pas om twee uur te vertrekken om zo een groter gedeelte van de tocht bij daglicht te lopen. Zeker na het laatste deel van de tocht half bloot door de sneeuwstorm te hebben gelopen lijkt het ons aantrekkelijker om morgen in ieder geval zo veel mogelijk zonlicht te vangen.

We gaan op tijd naar bed. Deze nacht brengen we in een tweetal hutten door, al hebben ze veel meer weg van een barak. De hut waar ik in terechtkom, lijkt nog het meest op een kippenhok. De ruimte wordt bijna helemaal in beslag genomen door één heel breed stapelbed dat de ruimte van muur tot muur vult en waarin we zij aan zij gaan slapen. Er ontbreken een paar ruiten. De barak is slecht verlicht en het is er vooral koud, heel erg koud.

Het kleinste stukje lopen in het kamp vergt extreem veel energie. De gang van de barak naar de keet waar we eten krijgen of van de keet naar de barak met de wc's: afstanden van luttele meters, die ons evengoed totaal buiten adem brengen. Plannen om na het eten nog 'even' tientallen meters extra te klimmen, een aan onze vermoeide breinen ontsproten idee om het acclimatisatieproces alsnog te versnellen, sneuvelen geruisloos. De meesten van ons gaan rechtstreeks hun slaapzak in, op zoek naar warmte, met de intentie om het lichaam zo veel mogelijk op te laden voor het meest inspannende gedeelte van de tocht. Bijna iedereen heeft minstens twee nachten slaap gemist, elk uurtje slaap is welkom.

Helaas, voor velen blijft de slaap ook deze keer uit. Ik glimlach als ik terugdenk aan ons heldhaftige besluit om de deuren midden in de nacht open te zetten om ons veel te lage zuurstofniveau toch zo goed mogelijk op peil te houden. Vanwege de gebroken ruitjes kunnen we ons de moeite besparen. Er hangt een ongenadige kou in onze barakken die diep in onze slaapzakken doordringt. Ook heerst er een bepaalde onrust. Niemand van ons slaapt echt. Hoogstens hazenslaapjes van een paar minuten, een kwartier hooguit. De meesten zijn met de ademhaling bezig. We zijn toch wakker en al doen we niet op elk moment allemaal mee, de diepe ademhaling gaat als ware het een golf die ons allen meeneemt door ons hutje heen. We zijn er nog, stuk voor stuk, niemand heeft afgehaakt. Senior niet, die na een moeizame start een gestaag tempo gevonden lijkt te hebben. Junior, die bijna de hele tocht naast zijn vader is blijven lopen. Ik weet dat er in zijn rugzak een vlag van het bedrijf van de veel te jong overleden oom zit, om straks, op de top, zijn oom te kunnen eren. Wie zal morgen de top gaan halen?

Al die gedachten buitelen over elkaar heen, geen enkele gedachte overheerst, als sneeuwvlokjes komen ze in mijn bewustzijn. Wat echter overheerst is de kou. Met al mijn kleren aan lig ik in de slaapzak en nog heb ik het zo verschrikkelijk koud. Ik kan me indenken noch herinneren hoe het voelt om het warm te hebben.

'Anna,' hoor ik vanuit de duisternis van de hut, 'hier, ik heb er nog een over.' Het is Junior, die me een *heat pack* overhandigt: een plastic zakje dat je moet openscheuren, waarna het warmte genereert.

Welk chemisch proces zich daarbinnen voltrekt weet ik niet, maar het zakje ter grootte van mijn telefoon wordt gloeiend heet, zo heet zelfs dat ik een van mijn truien uittrek. Met het zalig warm worden ontspant mijn lichaam zich en wordt duidelijk hoe hard het heeft moeten werken om mij op temperatuur te houden. O, wat een zaligheid. De warmte is zo weldadig dat het lijkt alsof mijn lichaam zich omvormt tot een warm bad. Mijn ademhaling wordt weer oppervlakkig als ik me overgeef aan de roes die ik ervaar. Niemand gaat me nog uit deze slaapzak krijgen, met geen mogelijkheid ben ik hieruit te slepen, in geen geval ga ik nog de rest van deze berg op lopen. Nooit ofte nimmer.

'Slaap je?' Het is de Journalist. 'Ik wou dat we al op weg waren,' fluistert hij.

Slechts één oog doe ik open. *Ik wil omhoogkomen, zodat ik de volgende keer iemand mee op mijn rug kan nemen*, herinner ik me de intentie van de Journalist voor deze reis. Nog steeds met tegenzin doe ik toch ook maar mijn andere oog open.

Tuurlijk. Dit warmtepakketje was maar tijdelijk. Hierin ligt het verhaal noch het antwoord waarvoor de Journalist hiernaartoe is gekomen, waarvoor ík hiernaartoe ben gekomen.

Wat is er nog meer? Wat ligt daarginds, voorbij het punt dat je kunt zien? Wat ligt er in dat gebied... voorbij jezelf?

De vraag naar het 'waarom' van deze reis heb ik de afgelopen maanden zo'n beetje aan alle leden van de groep gesteld.

'Ik wil mezelf uitdagen.'

'Ik ben nog te jong om buiten de maatschappij geplaatst te worden.'

'Ik wil me fitter voelen.'

'Ik wil de grenzen opzoeken.'

Logische antwoorden, maar toch niet echt bevredigend, want is het genoeg om het zo reële gevaar van een te snelle stijging naar bijna zesduizend meter hoogte te rechtvaardigen? Met de Journalist had ik de verloren illusie van het eeuwige leven gemeen. Weten dat je sterfelijk bent is één ding, maar de sterfelijkheid als je metgezel met je meedragen is iets anders.

Ik staar de duisternis in. Het duister dat op deze plek op de wereld een bijna perfecte symmetrie met het licht heeft weten te bereiken, de dagen bijna even lang als de nachten. Ruimte voor een grijs gebied is er nauwelijks. Óf het leven óf de dood. De schemering, de vertwijfeling, is een luxe voor hen die verder van de evenaar vertoeven.

Natuurlijk komt de Journalist hier om te kijken hoe hij het ervan afbrengt.

Uiteindelijk is het slechts een uiting van levensdrift. De angst om te sterven zonder echt geleefd te hebben. Óf het leven óf de dood. Het halfslachtige gedoe ertussenin is niet aan hem besteed, is niet aan mij besteed. Dát is de gemene deler in onze groep, dit losgeslagen zooitje, zoals ik het, steeds liefdevoller, noem. Het nastreven van comfort, het koesteren van (valse) zekerheden, voorzichtigheid, omtrekkende bewegingen, matiging, kat uit de boom kijken: mogelijk brengt het je verder af van de dood, maar ook verder van het leven zelf.

Deze stroom van gedachten overspoelt mij en ik moet bijna lachen. Vijf minuten geleden, toen ik het zo door en door koud had, was er geen enkele gedachte, geen spoortje van een innerlijke dialoog. Me niet bewust van de aanwezigheid van *hot packs* in de hut had ik me in een staat van berusting bevonden, mijn lichaam hard aan het werk om me in leven te houden, primair en gespeend van elk filosofisch inzicht. Een beetje warmte was al wat nodig was om het gedachtecircus weer op gang te brengen en het verlangen om greep op het leven te krijgen weer aan te wakkeren.

Ik ben niet de enige in de hut bij wie de demonen boven het hoofd cirkelen. Hier in de ijle lucht kunnen ze ongestoord onze rust verstoren. Wij zijn degenen die in hún domein komen. Wij zijn het die ze gaande houden, met de verhalen die elk van ons in zijn hoofd maakt, op zoek naar een verklaring voor ons handelen. Het zijn de demonen die ons doen vergeten dat elk verhaal dat we maken, uiteindelijk slechts een verhaal is. Men doet er goed aan zich daarvan te distantiëren.

Hier in de hut is dat geen optie. Alle demonen krijgen vrij spel hier en worden juist de verhalen die men het liefst vergeet, haarscherp tot leven gewekt.

## 2

'Ze is gesprongen.'

Niet-begrijpend kijkt Wim naar de telefoon. Hij is net in de bergen geweest, de tocht die hij gidste is zwaar geweest. Ze waren te ver gegaan, raakten in een dichte mist, een deel van de groep is in de problemen geraakt. Het heeft hem veel moeite gekost iedereen bij de les te houden.

'Ben je daar?' De stem aan de andere kant reikt wanhopig uit naar Wim. Wims geest is echter afgedwaald, plotseling teruggeworpen in de tijd.

'Wim, ben je er nog?' De stem aan de andere kant van de telefoon is hysterisch. 'Verdomme, Wim, Olaya is dood!'

'Wat... Hoe is het gebeurd?' stamelt Wim.

'We weten het niet...' De hysterie van de boodschapper maakt plaats voor hol verdriet.

'Maar ze was juist zo goed laatst? Het ging toch weer?' tracht Wim het lot te keren.

'Ja... zo lief, vooral voor de kinderen.' Ze snikt, hapt naar lucht.

'Ze gaf ze nog een kus... Alle vier een kus...'

'...'

'En is toen gesprongen.'

## 3

De stilte in de barak wordt alleen onderbroken door een diep ademhalen. Geregeld benut een van de groepsleden het uitblijven van de slaap voor een extra ademhalingssessie. Zelf kruip ik dieper mijn slaapzak in. Hoe lang zal dit pakketje warmte blijven verschaffen? Weldra zullen we uit onze behaaglijke slaapzak gejaagd worden. Het lukt me om niet te denken aan de kou die zo meteen gaat komen, het ongemak, de pijn en de uitputting. Voordat ik aan deze tocht begon kwam het me voor dat we in het leven voor een keuze gesteld worden. Óf we berusten in wat het lot voor ons in petto heeft (de boeddhistische manier, zeg maar) door ons onder te dompelen in dat wat we het leven noemen, zonder vragen het 'nu' accepterend. Óf we gaan ons juist vastklampen aan wat we het leven noemen: de schoonheid en hen die we liefhebben, vechtend voor datgene wat ons leven tot óns leven maakt en de liefde zo intens. We vertikken het om de vergankelijkheid te accepteren, we klampen ons aan het leven vast, aan onze geliefden, verdommen het om het voorbij te laten gaan... We maken er kunst van, een verhaal.

Liggend in de slaapzak, voorbij de ergste uitputting die ik ooit ervaren heb, komt deze zelfopgelegde tegenstelling me vals voor. Juist om het leven maximaal te ervaren is het noodzakelijk om vanuit een staat van volledige acceptatie en onthechting te leven. Zoals je onthecht moet zijn van het leven en het onvermijdelijke verlies waarvan je weet dat het gaat komen. Dan pas kun je volkomen in het nu leven en volledig liefhebben.

# 4

Niemand van ons heeft meer dan een hazenslaapje gedaan. De laatste drie nachten, ook de nacht voor het vertrek in het hotel, zijn kort en onrustig geweest en we hebben nauwelijks geslapen. Een kleine achtendertig uur eerder zijn we bij de Marangu Gate vertrokken en drieduizend meter omhooggeklommen.

Geen stap wordt 'spontaan' gezet, de onmenselijke inspanning die de gang van twaalf meter naar het wc-hok vergt in deze zeer zuurstofarme lucht, plant ieder van ons heel zorgvuldig. Zo moet het ongeveer voelen om met een zwaar astronautenpak door de ruimte te bewegen: gewichtloos én belast door het extreme gewicht van het ruimtepak, zo beweeg je je stroperig door de ruimte. Aan alle kanten wordt er gehijgd, gesnoven, gepuft. Zo goed en zo kwaad als het gaat doe ik mee. Twintig ademteugen zou voldoende moeten zijn om het zuurstofniveau in mijn bloed weer op te krikken.

Buiten is de lucht kraakhelder. Normaal gesproken staat bewolking voor een warmere nacht dan een heldere hemel. Hier zou bewolking echter betekenen dat we er dwars doorheen moeten lopen, door deze wolken zwanger van sneeuw. De eerlijke, snijdende kou die bij een heldere hemel hoort, valt te verkiezen boven de klamme, vochtige lucht die je huid terstond doet bevriezen en diep tot in de botten dringt.

De open hemel bevat honderden, duizenden sterren, zo dicht op elkaar, zo dicht bij ons. Het rotsige, desolate landschap, niet voor de mens bedoeld, de tastbaarheid van het heelal. Met mijn rug naar onze hut is het of ik over de oppervlakte van de maan beweeg, een verkeerd gelande ruimteslak die moeizaam het kleine hellinkje afdaalt.

Het slakje kijkt met haar zwakke ogen omhoog en ziet duizenden lichtjes boven zich, met hier en daar mistige stroken van de Melkweg. Zou het slakje vragen naar wat er echt is daarboven, dan krijgt zij het verhaal van de sterren, bollen van witgloeiend gas, met een diameter van miljoenen kilometers die zich lichtjaren van ons af bevinden. Dat de zon zo'n bol is en dat het enige verschil is dat hij zich dicht bij ons bevindt, al is het nog altijd op zo'n honderdvijftig miljoen kilometer. Toch, ondanks de onoverbrugbare afstand, weten wij, alle slakjes bij elkaar, met onderbouwde zekerheid wat deze bollen doet schijnen, namelijk de nucleaire energie die vrijkomt bij een transmutatie, waterstof die helium wordt. Alchemie is een eeuwenoude leer volgens welke men probeerde lood of ijzer in goud te veranderen. Als het slakje het verhaal van de sterren helemaal zou uitluisteren, zou ze leren dat we pas in de twintigste eeuw ontdekt hebben hoe dat moet, we hebben het trucje afgekeken van de sterren, die goud creëren als ze tot supernova's ontploffen. Inderdaad, sterren kunnen metalen in goud veranderen, maar wat nog wonderlijker is: er bestaan intelligente wezens die snappen hoe de sterren werken. Wij. De slakjes.

Intelligente slakjes zijn het die met zulke antwoorden komen, maar bovenal zijn het wezens die uiteindelijk geen genoegen nemen met simpele, mythische verklaringen. Hoe weet je zeker dat iets niet waar is als de verklaring makkelijk aangepast kan worden, al naar gelang een nieuw inzicht zich voordoet? Een regenboog? Dat is de voorbode van iets goeds zolang er goede gebeurtenissen op een regenboog volgen. Gebeurt er daarna iets slechts? Dan was het toch een kwaadaardige demon. Een ware verklaring bestaat vaak uit complexe onderdelen die elegant in elkaar haken en elkaar ondersteunen. Het is niet mogelijk om simpelweg een deel van de verklaring in te wisselen voor een andere omdat je toevallig een nieuwe observatie doet. Hoe moeilijker dat proces, het inwisselen van een deel van de verklaring, is, hoe lastiger het variëren binnen je verklaring, hoe dichter het de waarheid benadert.

Deze zoektocht naar de waarheid vergt bijna het bovenmenselijke van ons, nietige slakjes. Ergens op die moeizame tocht omhoog moet je je neerleggen bij de gedachte dat je slechts een onderdeeltje bent van een veel groter geheel. Of vinden we dat juist fijn? Ook moet je je verlangen naar gelijk hebben, je gehechtheid aan wat je meent te weten, laten varen. Je wordt geacht voorbij wat vanzelfsprekend lijkt te kijken, voorbij al je overtuigingen met de bijbehorende beelden en verhalen. Het is een zoektocht zonder de belofte van een pot goud aan het eind, negenennegentig maagden of een paradijs. Dat is dus het lot van een naaktslak.

Eén naaktslak die met vele andere wordt gedreven door krachten die voorbijgaan aan een simpele wens tot voortplanting dan wel comfort. Een aanhankelijk wezen dat voortdurend bezig is het eigen bewustzijn uit te breiden en te verdiepen door relaties en verbanden aan te gaan met anderen, een slakje dat zichzelf ontstijgt door deel te nemen aan steeds complexere sociale verbanden.

We ontstijgen onszelf, wij eeuwige onderzoekers, bereid een bestaan vol onzekerheid te omarmen om dichter bij de oplossing te komen. Om dichter bij de waarheid te komen.

Kijkend naar het maanlandschap voor me besef ik ook wat er op deze hoogte níét te zien is: de eeuwige sneeuw op de Kilimanjaro, de zilverkap die de laatste jaren zo drastisch is geslonken. Is het de klimaatverandering of 'slechts' de menselijke activiteit aan de voet van de berg? Niet alle activiteiten van de mens pakken gunstig uit voor onze planeet. Een zucht ontsnapt me en een vlaag van de kou bereikt mijn hart. Hopelijk weten we elkaar op tijd te vinden om het tij te keren. Met alle uitdagingen die ons bedreigen (het klimaat lijkt een abstract iets, totdat het te koud, te warm, te droog dan wel te nat wordt; het raamwerk waarbinnen de mens kan overleven, zelfs met de extra marge door de Wim Hof-Methode, is verrassend klein), hebben we alle naaktslakjes nodig die we kunnen vinden, eenieder die bereid is moeizaam heuvels en bergen op te schuifelen op zoek naar antwoorden, oplossingen, een uitweg.

Het diepe ademen gaat automatisch en mijn bovenlichaam ontspant weer. Met diezelfde gestage tred, na elke drie stappen happend naar adem, gaan we op weg.

# XII

# EEN ANDER SOORT ONEINDIGHEID

## I

Ieder van ons draagt een hoofdlamp om het pad te verlichten: de schijnsels schieten heen en weer over de ontblote bovenlijven. De temperatuur is ver onder het nulpunt. Mijn thermometer, een gratis sleutelhanger uit de campingwinkel, gaat niet verder dan min vijf.

'Waar zijn de sleutels?' roept iemand. Een golf van irritatie gaat door onze schaars geklede groep. We moeten in beweging blijven, stilstaan is funest.

Zelf heb ik de meeste kleren aan. Een korte broek met drie laagjes bovenkleding. Hopelijk vind ik mijn concentratie als we eenmaal lopen en kan ik bij elke stop iets uittrekken. Vooralsnog heb ik het erg koud en ik wil net als de rest van de groep de ingezette tred gewoon aanhouden.

'De sleutels! Jongens, wie heeft de sleutels?' roept iemand nogmaals. We moeten wachten tot ze gevonden zijn.

Ik denk aan de barakken met de ontbrekende ruiten en vloek binnensmonds. F... de sleutels! Als iemand echt in die barakken wil komen, dan lukt dat heus wel. Ik steun op mijn ene been en dan weer op het andere en wrijf mijn armen en handen zo goed en kwaad als het gaat warm. Dit wordt helemaal niks. Hoe lang moeten we nog lopen? Zes uur? Acht uur?

Ik kijk omhoog naar de overweldigende pracht boven ons. De sterren staan zo dicht bij elkaar en zijn zo dichtbij dat als je op je tenen gaat staan en je zo ver mogelijk uitrekt, je er zo een uit de hemel kunt plukken. Waar is het

Zuiderkruis? Dat is het zuidelijk equivalent van de Poolster als het op navigatie 's nachts aankomt. Deze sterrenhemel is echter nog te onbekend voor mij en ik ben te verkleumd en geïrriteerd. Na een korte zoektocht geef ik het op. Bovendien, we hebben Wim, onze eigen gids.

'We gaan van start!' Het is Wim die het startsein geeft.

Vermoedelijk zijn de sleutels nog steeds niet gevonden. Waarschijnlijk vindt Wim dat net zo onbelangrijk als ik. Zijn leiderschapsstijl, die gespeend is van elke vorm van onzin of het nastreven van valse zekerheid (deuren op slot doen terwijl de ramen ontbreken), kan ik bijzonder waarderen.

We beginnen te lopen en ik concentreer me op Wims lichtje.

Ik denk aan de indruk die zijn verhaal met de professor van de Radboud Universiteit maakte destijds op het podium van de Amsterdamse Stadsschouwburg. Ik denk aan de eerste keer dat ik ademhalingsoefeningen met hem deed. Het gezamenlijk mediteren met de groep, Wims gitaarspel, zijn aansporing aan mij, destijds in Polen, om nooit ziek te worden. Het was een goede reis.

De belevenissen met Wim zweven in flarden door mijn hoofd. Af en toe kijk ik op, zoek zijn lichtje en probeer de synchronisatie met hem en de rest van de groep te hervinden. Dit is zijn berg, zijn element. Een 'motherfucker' is Wim naar eigen zeggen, maar dan wel een goede. Hier is hij op zijn best. Net als destijds op de berg in Polen zal hij puur door zijn aanwezigheid ons allen naar de top krijgen. *Kom opdagen en ik zorg dat je de berg op komt.* Dat was de belofte, dat is waar ik voor getekend heb.

Moeizaam buig en strek ik mijn vingers, ongetwijfeld blauw of gelig van kleur door het levenloze vlees. Door de stramheid lukt dat nauwelijks. Mijn voeten zijn zo koud dat het lijkt of ik over glasscherven loop. Doorlopen, concentreren, ademen.

Als ik het echt te kwaad krijg (weldra?), zal Wim er zijn om me erdoorheen te slepen. Zoveel weet ik zeker.

Het lichtje van Wim lijkt echter in een ander ritme te bewegen dan de lampjes van de rest van de groep. Sneller. Hij lijkt de eerste gids te zijn gepasseerd en alsmaar sneller klimt hij zigzaggend omhoog. De afstand tussen hem en de rest van de groep wordt gestaag groter. 'Pole pole', langzaam, langzaam, de onafgebroken mantra van de gidsen, is niet aan Wim besteed. Het lichtje raakt steeds verder van ons vandaan, het flikkeren onttrekt zich aan onze cadans en wordt steeds vager.

Dan verdwijnt het definitief in de zwarte nacht.

## 2

Nu Wim uit het zicht is verdwenen, is er alleen de adem. Voetje voor voetje, stap voor stap. Er is niets anders dan de volgende stap.

'Kom op, jongens! Voetje voor voetje, stap voor stap!' vult de Sjamaan het net ontstane goeroevacuüm voor ons in.

O, hou toch je kop. Wat denk je dat we doen?

Ik voel zoveel woede, zoveel irritatie om het verdwijnen van Wim dat ik op dit moment geen enkele substituutgoeroe kan verdragen. Onder meer zuurstofrijke omstandigheden had ik letterlijk gestampvoet. Het enige wat ik kan en moet doen is ademhalen. En dus die klotestap zetten, wetende dat elke zin die ik zou willen uitspreken me zal doen stoppen, happend naar nog meer lucht, deze verraderlijke lucht met haar valse belofte van zuurstof. Er is geen plek meer in mijn longen voor nog meer lucht. Vertrouwend op de oplettendheid van de gidsen concentreer ik me volledig op de voeten van de persoon voor me. Niemand van ons kijkt om zich heen, we staren allen naar het pad en de voeten van de persoon die voor ons loopt.

De blote kuiten voor me zijn die van de Yogi. Tot mijn verbazing zie ik na een paar honderd meter zijn kuiten oncontroleerbaar trillen. Hij is natuurlijk gewend om twee keer zo hard te lopen op zijn tochten, het Wim-tempo, zeg maar. Al die gespierde spijkers in onze groep moeten het tempo er maar lekker snel in zetten, het heeft geen zin hen af te remmen of de overige groepsleden op te jutten zich te forceren.

'We moeten ons opsplitsen,' zeg ik bij de volgende stop tegen de gids. 'Laat de snellen vooroplopen, laat iedereen in zijn eigen tempo lopen.'

'Laat de snellen vooroplopen!' wordt er geschreeuwd door de gidsen.

Groepsgenoten nemen de aanwijzing over en een groepje snellen – de Yogi, de Journalist en de Smid – maakt zich los van de rest. Al snel verlies ik hen uit het oog. De korte pauze gebruik ik voor ademhalingsoefeningen om mezelf warm te krijgen en ik doe een eerste laagje kleren uit, zoals ik met mezelf heb afgesproken. Een nieuw stel voeten leidt de weg. Het duurt even voordat ik het registreer. Het zijn de voeten van E. Zonder op te kijken weet ik dat hij het is, hij heeft de meest gebruinde kuiten van ons allemaal. We hebben tot nu toe nauwelijks een woord gewisseld, E. en ik. Het weinige wat ik van hem hoorde en zag deed mij vermoeden dat hij hier was voor de eeuwige jeugd. Al met al is mijn contact met hem tot nu toe niet het meest spirituele of verhevene van de reis geweest. Evengoed was hij degene die mij vlak voor ons vertrek naar het hoogste punt nog van een muts voorzag. Het feit dat het water in onze flessen begint te bevriezen, en het feit dat naast de standaardoutfit van de korte broek plus topje alleen handschoenen en een muts zijn 'toegestaan', maakt dat attribuut vrij cruciaal. Het zijn zijn enkels dus die me door dit stuk van de weg begeleiden. We bewegen ons nu boven de vijfduizend meter. De begroeiing is allang verdwenen, ik zie kale hellingen met hier en daar een rots, nagenoeg geen uitzicht. Alleen die voeten, stap voor stap.

Links, rechts, links, rechts.

Pas als de rechtervoet voor de derde keer te veel naar rechts uitwijkt en de cadans verstoord raakt, merk ik dat er mogelijk iets mis is. E. lijkt zich slechts met moeite te kunnen corrigeren. Ataxie, coördinatiestoornis, ik kan me de termen nauwelijks nog voor de geest halen.

Dat het geen goed teken is om bij elke stap iets van je evenwicht te verliezen, zoveel weet ik nog wel.

'E., gaat het?' Ik krijg geen antwoord, de bezorgdheid in mijn stem irriteert hem. Dat gevoel zou ik ook hebben als ik die vraag kreeg.

Het lijkt me beter dat er een gids pal voor E. gaat lopen, zodat hij de cadans van de ervaren klimmer kan volgen, maar uitgerekend nu kan ik geen gids bij ons in de buurt ontdekken. Ik heb geen idee wat te doen als E. zou omvallen. Zo afgetraind als hij is, is hij nog steeds een flink stuk zwaarder dan ik.

Ik haat het wat ik nu ga doen, maar we hebben het gezworen. We zijn hier om aan te tonen dat we hoogteziekte kunnen voorkomen, niet om met hoogteziekte en al de berg te beklimmen. De afspraak is dat we bij een serieus teken van hoogteziekte stoppen, om het doel van de missie, en de groep, niet in gevaar te brengen. 'Kan er een gids naar E. gestuurd worden?' schreeuw ik naar de groepsleden die achter me lopen. Of schreeuw ik dat voornamelijk tegen de berg? Om me te kunnen omdraaien moet ik stoppen en dan is iedereen gedwongen om te stoppen. Dat stoppen lijkt me iets wat te allen tijde voorkomen moet worden.

Meteen voel ik me slecht. Het rechtvaardigen van het inroepen van assistentie komt uit de ratio. Elk van ons is hier natuurlijk om die top te halen en het onmogelijke te bereiken. Binnen de groep wordt er nooit openlijk aan dit doel getwijfeld. Net zomin als er openlijk aan de individuele capaciteiten van welk van de groepsleden dan ook wordt getwijfeld. Het is de rest van de wereld die aan ons twijfelt. Wij twijfelen nooit. Dat is de ongeschreven wet.

Hoe rationeel mijn beslissing om aan de bel te trekken ook is, tegelijkertijd is het onvergeeflijk en ik besef het maar al te goed.

'Hou toch je kop, mens!' sist E. me toe. Ondanks de hoorbare uitputting in zijn stem gaat de verachting me door merg en been.

Ik begrijp hem goed. Dit is hoogverraad. We zouden elkaar omhoogkrijgen. Volgens mijn inschatting echter is de enige manier waarop hij deze top gaat halen dan wel ongeschonden van de berg af komt, dat hij nu meteen naast een ervaren gids gaat lopen.

Uiteindelijk komt er een gids en E. wordt uit de rij gehaald. De komende uren zal ik geen idee hebben hoe de rest van de tocht voor hem verloopt.

## 3

Hoe lang lopen we al? Uren toch wel... Waar blijft dan de zon? Mijn handen en voeten zijn ijskoud. Bijtende kou, pijnlijke kou. De gedachte aan de zon, die elk moment kan opkomen, doet me mijn concentratie verliezen.

Eindelijk, links van ons tekent zich een schemering af en met een groep komen we bij een richel bijeen. Door de hoogte waarop we ons bevinden en de weidsheid van de horizon lijkt het of de zon in het midden van de hemel opkomt. Na een paar minuten is hij al volledig zichtbaar en ik raak in de war. De zon is er, maar waar blijft de warmte?

Misschien komt die zo meteen en ik trek nog maar een laagje uit. Een dun truitje scheidt me slechts van de standaard Iceman-uitrusting.

Een uur later heeft de zon nog steeds geen enkele temperatuurstijging in mijn lijf teweeggebracht. Niet aan denken. Er is altijd genoeg voor de volgende stap. En nog een. En…

Dan kom ik alsnog in de problemen.

'Sanitaire stop,' zeg ik tegen de gids. Hij trekt niet-begrijpend een wenkbrauw op. 'Plassen,' verduidelijk ik.

Zonder al te veel pottenkijkers in de buurt moet ik dit wel in een tiental seconden kunnen fiksen, het liefst ter plekke.

'Oké, geen probleem,' zegt de gids en hij kijkt even om zich heen. 'Ga maar naar die rotsen daar.' Hij wijst naar een iets grotere rots, enkele tientallen meters van ons vandaan.

Het is een compleet andere richting op dan waar wij heen moeten. 'Is er niet iets… dichterbij?' weet ik zwaar ademend uit te brengen. Elke zin die hier uitgesproken wordt, is er een te veel. Elke stap die onnodig gezet wordt, is… heel veel te veel.

Hij schudt nee en ik begin te lopen, van het pad vandaan.

Hij had me net zo goed de Mount Everest op kunnen sturen.

Van het pad af gaan.. Tientallen meters in de verkeerde richting lopen… Terwijl ik het pad verlaat, dringen de kou en de uitputting genadeloos naar binnen. Het wordt me duidelijk dat ik, ondanks mijn losgeslagen, geagiteerde geest, toch iets van concentratie gekweekt moet hebben. Tegelijkertijd besef ik dat die concentratie achter me op het pad achterblijft en ik begin oncontroleerbaar te rillen.

Ternauwernood bereik ik de rots en ik trek mijn broek naar beneden. Mijn knieën trillen nu zo hard dat het een wonder is dat ik niet omval. Aan het rotsblok trek ik mezelf weer omhoog.

Vloekend trek ik de afgepelde laagjes weer omhoog en ik trek het shirt dat ik net juist had uitgetrokken om aan de uitdaging (de top bereiken in een korte broek en een topje) te voldoen, weer aan. Ik bedenk dat ik dan ook net zo goed mijn lange, warme broek aan kan trekken. De doelstelling om schaars gekleed de top te bereiken is voor mij met deze omweg verkeken. Wij zijn op ongeveer 5550 meter hoogte, hoor ik van de gids. Nog 235 hoogtemeters tot de top.

Ik weet het zeker. Het is genoeg zo. Ik heb mezelf bewezen, verder lopen hoeft niet. Ik ken mijn kracht en weet waartoe ik in staat ben. Het is niet meer nodig om het ook te doen. Bovendien: ik kan het niet. Het is op. Klaar.

Lopen jullie maar door, gebaar ik naar de rest van het groepje dat op me wacht. 'Ik sluit wel aan bij de volgende gids!' roep ik. Ik sta nog steeds bij de rots die mijn ondergang heeft ingeleid.

Verslagen laat ik me op de grond zakken.

De reis eindigt hier voor mij.

## 4

De groep loopt langzaam door en verdwijnt algauw achter een richel. Een ander groepje komt dichterbij. Iedereen loopt langzaam, ik heb nog een tiental minuten voordat ze bij mij zijn.

Ik sluit mijn ogen en vind mezelf terug op een uitstapje dat A. ooit op touw heeft gezet: een dagje uit met bejaarden. Ik zit weer in het pannenkoekenrestaurant. De vrouw in een rolstoel naast me, mijn protegee voor die dag, heeft me tot dat moment nog niet één keer aangekeken. Ze oogt breekbaar, klein en slank. Haar handen liggen op de leuningen van haar rolstoel en bewegen niet. De dag heeft als doel om de droomwensen van de bewoners van een bejaardenhuis te vervullen. Verreweg de meesten hebben een heel simpele wens: pannenkoeken eten. Ondanks haar apathische voorkomen is ook 'mijn' mevrouw heel stellig in haar pannenkoekenkeuze: het moet er een met krenten zijn. En poedersuiker. Heel veel poedersuiker.

‘Wat is dit?’ vraagt dezelfde mevrouw echter op het moment dat de pannenkoek voor haar uitgeserveerd wordt.

‘Uw pannenkoek,’ zeg ik. We hebben hem samen nog geen twintig minuten eerder besteld.

‘Die is niet voor mij,’ antwoordt de vrouw overtuigd.

‘Het is er een met krenten!’ probeer ik nog.

‘Een pannenkoek, stel je toch eens voor! Ik heb toch nooit pannenkoeken gelust…’ zegt ze net zo vastberaden als dat ze eerder het gerecht bestelde, en ze schudt misnoegd haar hoofd.

Wie is die vrouw? De persoon die net nog zo naar haar pannenkoek verlangde, of heeft ze echt nooit (en zo ja, wanneer is haar nooit tot een eind gekomen?) pannenkoeken gelust?

‘U hoeft de pannenkoek niet op te eten, hoor… Wilt u misschien iets anders?’ fluister ik samenzweerderig tegen de mevrouw.

‘We gaan geen eten weggooien, ben je gek!’ zegt ze vastberaden en met duidelijke tegenzin begint ze te eten.

Verbazingwekkend hoe snel ik me in dit gesprek schik.

‘Gaan we zo ook naar huis? Naar IJmuiden?’ Haar helderblauwe oogjes kijken me doordringend aan.

‘Eh… We gaan terug naar Haarlem, naar uw flat.’ Ik zeg ‘flat’, want zo zou ik haar hokje in het verpleeghuis met heel veel goede wil kunnen noemen. Weliswaar een flat waar het hele personeel de sleutel van heeft, een flat waar je niets te zeggen hebt over wat en wanneer je eet, maar met een beetje goede wil kun je het wel als een flat beschouwen.

‘Haarlem? Maar ik woon toch in IJmuiden?’ vraagt ze en ik zie het besef in haar ogen sluipen. In paniek kijkt ze naar haar pannenkoek en als het ware onwillekeurig schuift ze die met bord en al van de tafel. De lijnen langs haar mond verharden.

‘Mevrouw Jansen toch!’ De vaste begeleidster van het

verpleeghuis die mee is, wijst de vrouw terecht. Het is dezelfde toon die ik gebruikte als mijn zoontje van drie zijn beker melk omstoot.

'Het is oké,' zeg ik, terwijl ik 'Wat verschrikkelijk kut moet dat toch zijn' bedoel. Voor het eerst kijkt mevrouw Jansen me recht aan. Ik pak haar hand vast, het lijkt zo vanzelfsprekend om haar aan te raken. Zij is mij en ik ben haar. Zo verschrikkelijk graag wil ik mevrouw Jansen een ontsnappingsroute influisteren, weg van het pannenkoekenhuis. In plaats daarvan strijk ik over het uitgedunde haar. Wat verschrikkelijk kut, deze pre-doodfase, opgesloten in het gouden ei. Een fase waarin je er nog bent, maar niks meer te zeggen hebt. Waarin je totaal afhankelijk bent van anderen. Je naar de douche wordt gereden, daar achtergelaten wordt en vergeten. Of je valt ergens en ligt daar maar...

De fase waarin je een natte luier hebt en nog genoeg besef hebt om die te voelen. De wetenschap dat je maar twee keer per dag een schone krijgt. Dagen, maanden waarin je nog maar een fractie bent van je oude ik. Jaren waarin je in en uit de werkelijkheid valt en bij vlagen besef hebt van wat er gebeurt.

Ik denk vaak aan het lijstje dat ik sinds de dag van de diagnose in mijn hoofd heb. Als ware het een boodschappenlijstje weeg ik de verschillende symptomen van de MS tegen elkaar af en zet die op een rij. Zo denk ik dat ik het wel zal kunnen verdragen als ik niet meer kan lopen. Rolstoel, prima. Achteruitgang van mijn gezichtsvermogen (want het komt niet vaak voor dat iemand volkomen blind wordt van MS) kan ik ook wel aan. Denk ik. Een béétje spasme zal ik ook wel kunnen hebben en vooruit, incontinentie, doe dat er ook maar bij. Allemaal erg vervelend, maar overheen te komen. Als ik maar kan blijven horen, lezen, praten, schrijven. Denken. En mijn handen. Ik wil graag mijn handen kunnen blijven gebruiken. Niet bij machte zijn om je kind te strelen...

Te zwak om de hand van je geliefde te voelen...

Onvermogen.

Terwijl je er nog bent. Stel dat ik voorbij dat laatste stadium van wat ik acceptabel acht schiet. Dat ik implodeer en het gouden ei zich sluit. De gouden capsule, met mij er nog in, zwevend door de ruimte, niet in staat om nog enig contact ook te maken.

Wie zal me dan bevrijden?

'A. gaat het nooit doen...' vertrouw ik een vriendin toe. Zij is arts. Niet dat zij daardoor gespeend is van gevoel, maar toch. Voor dit gesprek is zij geschikter dan een liefhebbende man.

'Hij gaat zeker twijfelen. En rekken. Een laatste fase is verschrikkelijk. Hoeft niet ook nog eens jaren te duren... Zelfs geen maanden, als het aan mij ligt.'

Ik kan me eerlijk gezegd niet meer herinneren wat mijn lieve vriendin toen allemaal heeft teruggezegd.

'Dus als het zover komt, moet jij het maar tegen hem zeggen, goed? Dat het oké is.'

## 5

'Het is oké,' zeg ik tegen de tweede gids als hij mij, samen met de twee groepsgenoten, bereikt heeft. Ik zit nog steeds bij mijn rots, verslagen, tientallen meters van het pad vandaan.

'Het is goed zo. Laten we omkeren.'

Hij zal ook wel opgelucht zijn dat we niet helemaal naar boven hoeven.

'No, miss, no. Het is nog maar tien minuten naar Gillman's Point,' zegt hij en hij wijst naar een vaag stukje rots dat zich niet noemenswaardig onderscheidt van de rest van het bergmassief. Ik schud van nee.

'Wat is er mis?'

'Wat er mis is? Ik moest van je vriend van het pad af... En toen...' huil ik.

De gids kijkt me aan en het lijkt of hij het grappig vindt.

'Miss, kijk om je heen... Waar is het pad?' Ik zoek de plek waar ik net voor dit debacle heb gelopen en kan niet nauwkeurig aanwijzen waar die is. Alles lijkt hier op elkaar, deze grijze heuvel bezaaid met stukken lava, grotere en kleinere blokken, sommige massief, andere poreus. De gehele vlakte, die omhoogloopt, lijkt behoorlijk uniform. Dit gedeelte van de klim gaat over meters en meters van een dergelijk gebied dat uit gruis bestaat en dat we zigzaggend hebben beklommen.

Ik wil naar mijn groepsgenoten wijzen, maar ook zij zijn al van positie veranderd. Gedesoriënteerd kijk ik om me heen. Zowel heuvelafwaarts als heuvelopwaarts is er niks wat op een pad lijkt: het zachte lavagrind is te grillig om er een spoor in te slijten. Zou dat al lukken, dan spoelden de regen en de sneeuwval die twee keer per jaar deze berg teisteren, dat wel weer weg.

'Er is helemaal geen pad...' mompel ik uiteindelijk.

Op het gezicht van mijn gids verschijnt een brede grijns.

*Maar er is wel een weg.*

Ik sta op en loop weer achter de gids aan.

'Er is helemaal geen pad!' roep ik tegen de twee groepsgenoten. Net als ik zitten ze er behoorlijk doorheen en ze knikken alleen maar. Het pad zal ze worst wezen.

Ik fixeer mijn blik op het stukje rots dat onze tussenbestemming vormt, Gillman's Point. Een klim van een luttele 111 meter. Inderdaad. Hoe ver kan het zijn? Tien minuten moet nog wel lukken.

We gaan op weg. We vorderen zo langzaam dat er qua snelheid nauwelijks verschil lijkt te zijn tussen bewegen en stilstaan. Elke twee, drie stappen stoppen we om extra diep te ademen, alsof we de zuurstof zo uit de lucht kunnen zuigen. Ik kan me niet voorstellen dat de rest van de groep de top gaat halen. Dit is de hel.

Een tijd lang, ik weet niet precies hoe lang, maar zeker veel langer dan de beloofde tien minuten, loop ik achter mijn gids aan. Omhoogkijken doe ik allang niet meer, de top blijft net zo ver weg als een halfuur geleden. Het lijkt of ik het tempo mag bepalen. Een tempo van drie stappen vooruit, stoppen, diep ademhalen, en dan weer drie stappen vooruit. 'Gaat... het... niet... te... langzaam?'

Ze schudden alleen maar hun hoofd.

Het tempo aanpassen, sneller of langzamer gaan dan je zelf aankunt is niet aan de orde, dus ik vertrouw erop dat dit goed gaat zo. Met z'n vieren creëren we een eigen ritme en na een tijd denk ik niet meer aan stoppen. Het ritme neemt het over en een stroompje, flarden van gedachten (zijn het nog wel mijn gedachten?), vergezelt me als ware het achtergrondmuziek.

Hebben we echt twee opties: de vergankelijkheid aanvaarden of vechten tegen het verdwijnen, dit lot behouden?

Ik ga niet vrijwillig mijn ondergang tegemoet, ik ga vechten, of beter gezegd: leven...

Lopen op het randje: visioenen die de nachten verstoren! Lachende furies die je slaap wegjagen!

Waarom blijft een dergelijk ravijn zo aantrekkelijk?

Kom op. Je weet het precies!

Dit is het pad! Langs het ravijn!

Aan de ene kant de verlichting: het ultieme comfort met het niet weten, de lichtheid, een sublieme ijle vorm van liefde, of juist vol, hoe dan ook, tijdloos, zen.

Aan de andere kant: de verschrikkelijke toestand van het wel weten, het besef dat je verdwijnt, dat je misschien vandaag al niet bestaat. De wetenschap dan wel ervaring van...

... een ondraaglijk lijden.

De duisternis.

De duisternis, mits je die vaak genoeg vrijwillig opzoekt, dan lijkt het alsof je een *passage libre* aan deze zijde verkrijgt.

De duisternis: op het moment dat je in staat bent om de duisternis vrijwillig op te zoeken, dat je op eigen verzoek omgaat met angst, dood, aftakeling, lijkt het duister zijn greep te gaan verliezen. Vertrouwen komt ervoor in de plaats.

Je bent er!

Je bent al eens eerder gekomen, uit jezelf, als ware je op bezoek bij een oude, goede vriend.

Je komt vast nog eens.

Het duister laat je wel weer gaan...

Ga kijken, het spot met je.

Ga heen, daar aan de overkant!

Keer terug.

Zet een stap.

Wees verlicht.

## 6

Een klein uur nadat ik mijn onfortuinlijke sanitaire stop heb gemaakt, komen we bij Gillman's Point aan. Het bevindt zich op de rand van de Kibo-krater en we hebben hiermee officieel de top van de Kilimanjaro bereikt, op 5685 meter hoogte. De begeerde Uhuru Peak ligt op 5895 m. Zo futiel als het verschil in meters lijkt, ons is het inmiddels duidelijk: de wetten van de normale wereld gelden hier niet.

Ik heb geen idee hoe het de groep, op mijn twee metgezellen en de gids na, vergaat. Hoeveel hebben de top al bereikt? Hoeveel zijn er teruggekeerd? Dat moeten er heel wat zijn, dat kan niet anders. En Senior? Hoe is het met hem? Dit laatste stuk heeft eindeloos geduurd en wij waren zo traag.

Zonder te vragen of we door willen loopt de gids na een korte pauze verder.

'Hoe ver nog?'

Hij wijst naar een eenzame rots die recht voor ons eenzaam de hoogte in gaat.

Daarachter zou de Uhuru Peak moeten zijn.

'Tien minuten,' zegt hij zonder enig spoor van ironie en ik zou bijna gaan lachen als ik dat nog kon of anders op zijn minst heel hard gaan huilen. Gelukkig ben ik te moe voor welke emotie ook.

Ik ben voorbij de vermoeidheid, het niemandsland. In een straal van één kilometer, misschien nog wel meer, tientallen kilometers, is er geen plek op deze berg die ontsnapping biedt uit deze desolate wereld. Nergens is er warmte, nergens is er zuurstof, tenminste niet in mensvriendelijke, weldadige hoeveelheden. De warme thee in mijn thermoskan is allang afgekoeld, het zal niet lang meer duren voordat ook deze drank begint te bevriezen.

De enige redding, de enige ontsnappingsroute, ligt in jezelf.

Ik neem een slok nu de thee nog vloeibaar is en we moeten weer stoppen. Diep ademhalen, slokje drinken, weer diep ademhalen om van de inspanning van het drinken bij te komen. Het is een onmogelijkheid om de aanbevolen vier liter water onderweg te drinken.

Er bestaat niets meer om me heen. Er is geen energie om omhoog te kijken en ik zie alleen het grind onder mijn voeten, en de schoenen van de gids...

De bodem is anders hier, zo dicht bij de top, helderder, wit bijna... De grond is bezaaid met witte steentjes, zo helder, zo wit, witter dan ik ze ooit heb gezien. Als je goed kijkt, zie je dat elk steentje een gezichtje heeft. Het zijn werkelijk de mooiste steentjes. Vrolijk ook, ze lachen allemaal. We stoppen en halen heel diep adem, zo vaak en zo diep als het gaat.

Met elke stap komen we hoger, met elke stap komen we dieper. De helderheid neemt toe, de schaduwen verdwijnen, opgeslokt.

Ons leven is een prisma, dat het helderste licht in verschillende lichtstralen uiteen laat vallen. Het uiteengevallen licht kunnen we aan, de heldere lichtstraal, de bron, is te fel voor ons. Door een ander prisma ertegenover te zetten zou je al die lichtstralen weer moeten vangen: een prisma dat alle lichtstralen weer opvangt, totdat er slechts één perfecte bundel van licht overblijft, licht dat alles draagt, alles is.

Dat is de plek die we betreden hebben, de top van het omgekeerde prisma. Het is dit licht dat me door de rotsen en stenen tegemoet straalt en door het kleinste steentje uitgezonden wordt.

Of eigenlijk zitten we tussen beide prisma's in. Een minuut rest ons nog maar, een halve en dan weer de helft daarvan. Tot in de oneindigheid herhaald komt het einde toch. Een zwart gat. Als een omgekeerd prisma vangt het al het licht, meer nog dan het licht... Het Alles.

Een ongekende dichtheid van de ruimtetijd, zo intens, zo samengebald dat het weg lijkt, opgelost, verdwenen. Maar met het verdwijnen, het opgeslokt worden van het licht, het Alles, neemt de kracht ervan alleen maar toe. De omgeving verraadt de aanwezigheid van de singulariteit. De kern wordt tot een deeltje kleiner dan alle deeltjes die we kennen, die we denken te kennen, totdat het zo'n klein, onzichtbaar maar ongekend krachtig deeltje wordt dat het gerust het Goddelijke Deeltje mag heten. Een deeltje met een oneindig klein volume en een oneindige grote dichtheid. De ruimtetijd is hier zo sterk gekromd dat zowel de ruimte als de tijd feitelijk ophoudt te bestaan. Het Niets.

Juist dit soort oneindigheid is het Alles.

Het Goddelijke Deeltje, mocht het ontploffen, creëert

een heel nieuw heelal. Een oneindig groot heelal, dat uiteenvalt in oneindig kleine deeltjes, wij, de mens, deel van het Goddelijke Deeltje. Wij moeten godverdomme weten dat we een deel van het Goddelijke Deeltje zijn.

Oneindig, onaantastbaar en voor altijd.

Hier op de berg, met het lichtgevende steentje in mijn hand, denk ik niets van dit al.

Wel dat het heel goed mogelijk is dat dít het is. Het ultieme.

Het absolute.

Het niets.

De dood, zo perfect, zo helder dat hij niets anders kan inhouden dan... het leven zelf.

# XIII

# DE BROOSHEID VAN DE HELD

I

Uiteindelijk gaat er niemand dood.

De hele groep bereikt de rand van de krater, die officieel als de top van de Kilimanjaro geldt. E. bleek symptomen te vertonen die op het begin van het gevreesde longoedeem wezen en was bij Gillman's Point gestopt. Evenals mijn schoonvader, die het op het laatste stuk extreem moeilijk kreeg en met behulp van de warme handen van Alma en de assistentie van de Arts toch nog de eerste top bereikte. De rest van ons bereikt het hoogste punt, de Uhuru Peak, die op 5895 meter ligt. Omdat we zondag na elf uur met de klim zijn begonnen en de laatste van ons voor elf uur 's ochtends op dinsdag op de Uhuru Peak staat, hebben we de hele klim binnen achtenveertig uur afgerond, ruim binnen de drie dagen waarmee we de legitimiteit van de Wim Hof-Methode als middel tegen hoogteziekte wilden aantonen. Mogelijk was dit de snelste beklimming ooit van de Kilimanjaro door een groep. Ongetwijfeld de eerste beklimming van de Kili door een groep die het in een korte broek probeerde en het voor een deel ook zo schaars gekleed haalde. Missie meer dan geslaagd dus.

Junior heeft de vlag van zijn oom naar de hoogste top gebracht, zoals beloofd. De Smid, die een jaar geleden nauwelijks zijn schouders kon bewegen, stond als een van de eersten op de top. Zo ook de Journalist; samen met de kopgroep is hij omhooggestuwd. In totaal hebben elf van ons de beklimming tot het einde in een korte broek uitgelopen.

In het basiskamp, waar nog steeds geen zuurstof is en het nog steeds stervenskoud is, mag ik het bevroren restje thee ruilen tegen een warme kop. Zonder de focus op een doel, dat reeds bereikt is, lijkt de omgeving van het basiskamp zo mogelijk nog desolater en vijandiger dan op de heenweg. We zitten met een klein groepje in het eetzaaltje en wisselen ervaringen uit. Niemand had verwacht dat we het allemaal zouden halen, iedereen ging bijna dood. De Arts en de Sjamaan zijn naast hun eigen uitdagingen druk bezig geweest met de groepsleden die het het aller-, allerzwaarst hebben gehad. En niemand, maar dan ook niemand van ons heeft erbij stilgestaan dat we na het bereiken van de top geacht werden om te draaien om die helse tocht gewoon voort te zetten, maar dan omlaag. Dat is nog het meest verschrikkelijke deel van de tocht geweest; enkeldiep door het lavagruis waden, ongewild de opwaaiende stof inademen die ons deed rochelen en zwarte smurrie deed spugen. Het doel was bereikt en achter ons. Wat rest is uitputting, duizeligheid en pijn. En heel veel kilometers die in de omgekeerde richting afgelegd moeten worden, het is de bedoeling dat we vandaag naar het lager gelegen kamp gaan. Deze stop is alleen bedoeld om even bij te komen, misschien een uurtje te slapen. Zo snel mogelijk moeten we door naar de lagergelegen gebieden: waar er zuurstof is.

Senior zit er niet bij in het eetzaaltje, hij is in zijn bed gedoken. Met een kop hete thee ga ik naar hem toe. Hij ligt in zijn slaapzak, bleek, met een vermoeid gezicht, maar desondanks strijdlustig.

Alles doet pijn bij hem, dus ik ga op zoek naar paracetamol voor mijn schoonvader om zijn ergste klachten te verlichten. Tijdens het zoeken en rommelen gaat alles nog steeds erg traag en ik denk aan alle keren dat ik de afgelopen maanden aan Senior heb getwijfeld, voor zijn leven heb gevreesd. De zorgen zijn meer dan terecht gebleken. Senior is toch het dichtst langs het randje geschoten. Evengoed heeft hij het gehaald. Met behulp van zijn groepsgenoten, maar zeker ook dankzij zijn gedegen voorbereiding. In de aanloop hiernaartoe is Senior bijna twintig kilo afgevallen, van de jolige Kerstman is weinig meer over. Senior is de absolute winnaar van deze tocht, deze klimmer die al maanden eerder aan zijn reis is begonnen.

Ondanks mijn diepe respect voor hem weet ik evengoed niet wat te zeggen. Mijn schoonvader is niet zo'n prater en ik val vaak stil in zijn buurt.

'Weet je, onze buurvrouw heeft ook MS gehad,' spreekt Senior me toe nadat zijn thermoskan opnieuw met warm water gevuld is. 'Ik weet nog heel goed dat ze thuiskwamen op de dag van de diagnose. Ze was volkomen van slag. Ze is gewoon gaan zitten en nooit meer opgestaan.'

*Oh, het leven op de bank.*

'Niet één kopje heeft ze zelf afgewassen sinds de dag dat ze wist dat ze ziek was,' sloot hij af.

Dat moet al langer geleden geweest zijn, vermoed ik. Was het iets van de afgelopen jaren, dan hadden ze me vast meegedeeld dat hun buurvrouw ook MS had. Ik word om de haverklap door mijn omgeving op de hoogte gesteld van kennissen, buren of familie van de buren bij wie MS is geconstateerd.

'Ze is gewoon gaan zitten. En ze bleef zitten. Binnen een jaar was ze dood.'

Nooit eerder heeft Senior me dit verhaal verteld. Het kan ook niet anders of A. kent het. Mogelijk heeft het zich zelfs afgespeeld in de tijd dat hij nog in zijn ouderlijk huis woonde.

A. heeft er nooit met één woord over gerept.

Door dit verhaal valt het ontbreken aan weerstand bij A. tegen deze reis eindelijk op zijn plek. Wat ik als onverschilligheid of het te licht opvatten van de gevaren van de reis heb opgevat, is in wezen simpelweg zijn eigen tactiek geweest.

## 2

Eenmaal weer beneden aan de berg gekomen is het Senior wie het warmste onthaal te wachten staat. De dragers en de koks nemen hem op de schouders, paraderen met hem rond, juist om zijn uitzonderlijke prestatie te vieren, en dan weten ze nog niet eens van de reis die hij al in de maanden vóór de tocht heeft afgelegd. Natuurlijk is het niet genoeg.

Senior zit naast me in de bus die ons van de Marangu Gate terug naar het hotel brengt. Zodra ik de Gate was gepasseerd heb ik mijn schoenen uitgedaan en heb het allerlaatste stukje van de tocht op blote voeten over de scherpe kiezelstenen afgelegd. Het was beter dan nog één seconde die verschrikkelijke schoenen aan, de trouwe stappers die zich tijdens de terugtocht gaandeweg tot bakstenen hebben getransformeerd. Mijn grote tenen, die bij elke stap tegen de punt van de schoen stoten, zijn opgezwollen en blauw. Het gaat me minstens twee teennagels kosten.

Ook is er rondom de rand tot waar mijn sokken komen een waar slagveld ontstaan van geschaafde, schrale huid. Aanvankelijk denk ik dat het komt door de wrijving van de wandelsokken plus de warmte, maar één vakkundige blik van de Arts volstaat om vast te stellen dat het een schimmel is. Schimmel, op míjn enkels.

'We moeten weer omhoog,' zegt Senior.

Ik ben zo in beslag genomen door mijn beurse, opgezwollen voeten en mijn beschimmelde enkels, maar vooral zo blij, zo godsgruwelijk blij dat mijn schoenen uit zijn en dat ik die nooit, nooit, maar dan ook echt nooit meer aan hoef te trekken, dat ik de opmerking van Senior simpelweg negeer. Mijn zwijgen wordt als stilzwijgende instemming geïnterpreteerd.

'Misschien kunnen we wel met het hele gezin gaan,' gaat Senior onverstoorbaar verder. Verlangend kijkt hij uit het raampje naar de Kilimanjaro, die we aan onze rechterzij aan het passeren zijn, met zijn imposante besneeuwde top.

Werkelijk alles in mijn lichaam doet pijn. Bij Senior moet het allemaal nog net een graadje erger zijn, vermoed ik. Geen haar op mijn hoofd denkt eraan om ooit weer een dergelijke tocht te ondernemen. Er zijn verschillende dingen die ik zou willen zeggen, maar ja, zo praat je nou eenmaal niet tegen je schoonvader.

Dus schud ik mijn hoofd alleen maar, vol ongeloof, en kijk ook naar de berg. Ik kan me nu al niet meer voorstellen dat we werkelijk op die top hebben gestaan, nog geen etmaal eerder.

Het contrast tussen míjn gevoel van er ontzettend klaar mee zijn en zíjn gevoel van onvoldaan te zijn is zo schril dat het bijna grappig is. Hoewel ik meer dan voldaan ben na dit avontuur – o ja, ik had mijn portie wel gehad en wellicht ook wel meer dan dat – is zijn honger absoluut niet gestild. Nee, dit is duidelijk nog maar het begin.

Het is vast niet wat Senior wil horen, niet nu, niet de komende weken of maanden misschien, maar het komt me voor dat het níét behalen van die allerhoogste top misschien voor hem wel het allergrootste cadeau is. Waar een ander wellicht zal opgeven, wordt zijn motor alleen maar verder opgevoerd. Hij is simpelweg nog niet klaar. Vanaf nu blijft hij hongerig, op zoek naar een substituut, op zoek naar een nieuwe overwinning. Het vooruitzicht van een lauwe, onbewogen, oude dag bestaat niet meer: zolang hij leeft, zal hij nooit het leven laten.

Ik kan alleen maar hopen dat hij de wijsheid krijgt om mijn schoonmoeder op de volgende avonturen, lijfelijk of geestelijk, mee te nemen.

Zelf heb ik wel op die allerhoogste top gestaan. De euforie is uitgebleven. Om te beginnen heb ik het 'het is mij gelukt dus het zal wel niet zo bijzonder zijn'-syndroom. Bovendien ben ik nog steeds teleurgesteld in Wim. Al die chaos, de onzekerheid, maar op de berg, daar zou hij juist tot wasdom komen? Daar zou hij stralen, ons door dalen en duisternis helpen, ons bijstaan? In plaats daarvan verdween hij gewoon. Het is Alma die de handen van Senior heeft opgewarmd, het zijn de Arts en de Sjamaan die her en der de gevallenen opraapten en ervoor gezorgd hebben dat iedereen op zijn minst tot Gillman's Point is gekomen.

'Waarom sprintte je ineens weg?' vraag ik Wim als we eenmaal terug in het hotel bij het warme vuur zitten.

'Omdat ik naar boven moest,' is het simpele antwoord.

'Maar jij zou ons toch de berg op krijgen?' vraag ik. Kom opdagen en ik zorg dat je de berg op komt. Dat was de belofte.

'Niemand kan je de berg op krijgen. Het is iets tussen jou en de berg,' zegt Wim en hij kijkt strak in het vuur. In zijn hand houdt hij een fles wijn geklemd. 'Het is altijd iets tussen jou en de berg, en verder niemand,' zegt hij tegen niemand in het bijzonder en hij neemt een slok uit zijn fles.

Ik knik. Ondanks de warme nacht, ondanks het vuur, gaat er een huivering door me heen. Hier aan de voet van de berg, in de normale wereld, zijn de demonen er gewoon nog, zoals van oudsher. Hoogstens zijn ze weer een stukje vertrouwder, eigener.

Gelaten zak ik weg in de plastic stoel. Mijn eigen hersenschimmen houden zich vandaag gedeisd. Ze vinden het blijkbaar vervelend als je ze recht aankijkt. Alle ruimte heb ik om de drogbeelden rondom Wim verder te onderzoeken. De somberheid die me heeft overvallen voelt als een deken. Als je je hand door de lucht zou halen, zou je haar haast kunnen voelen.

# 3

Olaya mocht dan zijn verdwenen, haar demonen waren dat allerminst. Ze hadden zich vastgeklampt aan een andere levende geest die al die tijd dicht bij haar was geweest. Was hij dan werkelijk niet meer dan een act? Een attractie? Terug in zijn vallei zwierf Wim rusteloos rond. Schaduwen, overal waren schaduwen.

De grootste, langste schaduw kwam van de Naald. Het bergmassief was meer aanwezig dan ooit. Steeds vaker ontwaakte Wim uit zijn apathie aan de voet van de Naald en keek omhoog. Dit was een ongenadige rots. Steil, glad, onmogelijk. Ze riep hem.

Voortaan droomde Wim niet meer over Olaya maar over het onneembare gesteente. In zijn gedachten beklom hij haar, overmeesterde hij haar: hij was de rots de baas. In zijn dromen voelde hij de angst. Kon hij, niet gezekerd, zonder touw, een kale rots op klimmen, tegen de natuurwetten in? Het was onmogelijk.

Hij ging deze tocht elke nacht aan, ervoer hem en won. Nat van het zweet en afgemat werd hij wakker. Deze uitdaging was zo enorm, de angst alom aanwezig. Hij zette door, deinsde niet terug. Steeds hoger klom hij, zijn voeten vonden houvast. Slechts millimeters brede steunpunten, zijn vingers schuurden, bloedden, werden opengereten door de haast onzichtbare uitsteeksels.

Hij viel.

Hij viel elke nacht.

Bij het ochtendgloren hervatte hij zijn training, trok hij zich op aan zijn vingers, op zijn vingertoppen drukte hij zich op. Het schrijnen, het branden, het hield hem bij de les. Hij dwong zijn geest zich te vormen, te buigen, hij zag zichzelf al op de top. Zijn concentratie was groot, de dichtheid van zijn geest nam toe. Geen spleet, geen ruimte voor andere gedachten, visioenen.

De nachtmerries begonnen te vervagen. Olaya's stem doofde in de nacht, alleen de Naald bleef. Naarmate het beeld groter, scherper werd, werd hij sterker. Tot de dag dat hij zijn rugtas pakte en terug naar de Naald ging. Er was maar één doel, de Naald op, dat was zijn intentie, zijn plan. De hoogste klim, niet gezekerd, recht omhoog.

Hij overwon. Geen tijd voor euforie. Bloed aan zijn voeten na deze klim zonder geschikt schoeisel. Ademhalen was zwaar. Het afdalen kostte net zoveel moeite als de klim omhoog, misschien wel meer, het bereiken van de top had zijn concentratie doen afnemen. Twee keer verloor hij zijn grip en dreigde hij te pletter te vallen.

Toen was het voorbij. Veilig teruggekeerd, de Naald overwonnen.

De euforie bleef uit. Hij hoefde niet om zich heen te kijken om de schaduwen te voelen. Het duister dat diep in zijn poriën sloop. Met zijn gehavende voeten stevig op de grond voelde hij hoe hij viel.

## 4

Wim slurpt het laatste restje wijn uit de fles. Hij staat op, oogt kwetsbaar, de lakens van droefheid strak om zich heen gewikkeld. Broos loopt hij in de richting van de gebouwen.

De meest onthechte man, zo gehecht aan zijn eigen falen. Zijn eerste liefde kon hij niet redden, dus dan maar de wereld behoeden voor het noodlot. Die moet van het kwaad worden verlost, ziektes moeten genezen worden, de Nobelprijs dient gewonnen.

Als de erkenning eindelijk zou komen – ach, wat zou het, laat het de Nobelprijs zijn – is dat dan zijn verlossing? Of is het slechts de zoveelste berg? Met de bijbehorende aftershock wanneer het warme, euforische bloed zich vermengt met de koude, ontnuchterende realiteit van alledag. Als ik de Sjamaan was geweest, dan had ik het bergkristal dat met ons mee naar boven was gegaan – het bergkristal dat ons hart was geweest en Alma wás dat hart – uit haar handen genomen en in de handen van Wim gelegd. Dan had ik zijn handen om het kristal gesloten en bij zijn oor gelegd, opdat hij zou horen wat er in het zachte gefluister schuilging. Dan zou ik het bij zijn hart houden, opdat het zich zou openen en sterk genoeg zou worden om eens gewoon te zijn, te rusten, bij zijn lief te blijven.

Zulke Sjamaan-krachten heb ik echter niet.

'Welterusten Wim.'

Zonder Alma verdwijnt hij in de donkere nacht.

## 5

Majestueus stijgt het vliegtuig op om me eindelijk naar huis te brengen. Ik ben zo klaar met deze reis dat ik uitgezocht heb of ik niet al eerder naar huis kon vliegen. We hadden een paar dagen extra in het schema ingebouwd, voor het we-gaan-er-toch-vier-dagen-over-doenscenario. Die waren onnodig geweest.

Eerder terugvliegen blijkt niet mogelijk te zijn en met z'n allen nemen we op de eerder vastgestelde datum plaats in het vliegtuig.

Wat neem ik mee naar huis? De honger naar avontuur is gestild, voor even. De geleerde lessen? Het geheel aan indrukken en gebeurtenissen vormt een wirwar in mijn hoofd, het enige wat ik zeker weet is dat ik zo snel mogelijk naar huis moet. Naar A. Naar de kinderen.

Opeens voelt het alsof ik maanden, jaren ben weggeweest, alsof ze in de tussentijd mogelijk al de volwassen leeftijd bereikt hebben, helemaal in hun eentje, in ieder geval zonder hun moeder, terwijl ik bij alle mooie dingen die ik onderweg ben tegengekomen dacht: hoe zouden zij dit vinden? Ik verlang naar hun filter op alles wat ik om me heen heb gezien, naar het voor de eerste keer zien van iets. Deze reis moest ik alleen maken, maar op een volgende moeten ze zeker mee. In totaal ben ik zeven dagen weggeweest. Drie dagen zijn er sinds de beklimming verstreken.

Het voelt echter alsof ik nog altijd in een aftershock verkeer. Niet door de ontmoeting met de kou, maar door de ontmoeting met... Wat eigenlijk?

Grenzen zijn opgezocht, mogelijk overschreden. Het onnoembare heb ik betreden. Het was geen slechte plek.

Op de dag dat we de top bereikt hadden, moesten we niet alleen terug naar het hoogste kamp, na een korte pauze gingen we door naar het lagergelegen kamp.

Uren hebben we nog gelopen, het grootste gedeelte in het donker.

Langs ons pad stonden rijen mensen, in de meest uiteenlopende poses. Aan de gewaden te zien was het vooral de plaatselijke bevolking. Pas als je dichterbij kwam, zag je dat er niemand stond, zat of lag; er stonden slechts bomen, struiken en rotsen. Toch bleef ik ze zien, de mensen langs het pad. Ze waren levensecht. De kleinste details kon ik onderscheiden, ook de uitdrukking op hun gezicht. Totdat ze oplosten in het niets. Boden ze troost, deze geesten, deze hersenschimmen? Een belofte dat het niet eenzaam zou zijn, daar aan de andere kant?

Een deel van mij is klaar voor de dood. Vandaag. Klaar om mezelf terug te geven aan de aarde, als voedsel voor het leven dat erna komt. Wat overheerst is echter het gevoel dat ik de mensen aan de andere kant van het pad voorlopig niet meer zie.

Straks in Nederland zal de vraag komen of Wim Hof me 'beter' heeft gemaakt. Of ik door zijn methode 'mijn' MS onder controle heb gekregen, genezen zelfs misschien?

De ademhaling, de kou, de concentratie: dat alles maakt

een ongekende energie los, brengt je naar grote hoogten. Dat staat vast. Hetzelfde kan ik zeggen van de invloed van voeding op mijn welbevinden. Wat het effect van deze interventies op mijn ziekte is geweest, daar heb ik simpelweg geen antwoord op. Er zijn geen gegevens van. Op die ene MRI-scan na, van langgeleden. Graag had ik geweten welke markers ik had moeten meten voor en na dit jaar, voor en na een ijsbad, voor en na een ademhalingssessie.

Zo graag had ik – wij allemaal binnen deze groep – mijn gegevens gedeeld, de meest uiteenlopende waardes, zolang die maar inzicht boden. Zo vaak mogelijk, dagelijks als het moest, om zo een completer beeld te vormen van wat van invloed is, van wat ik kan doen als 'zieke', van wat vandaag van invloed is en over een jaar. De Bazaar is klaar om de gegevens te verzamelen en te delen. We staan klaar, inmiddels met duizenden, met miljoenen: allemaal leken die het belang van onderzoek inzien en het willen versnellen.

Wat er ontbreekt, is meer Kathedraal in de Bazaar. Al die stukjes informatie, correlaties, dwarsverbanden: er moet een beeld uit ontstaan, een vaag uitzicht op genezing. En anders wel bruikbare inzichten in symptoombeheersing. Het geraamte waar ik mijn bijdrage in moet hangen dient echter doordacht ontworpen te zijn, liefst door de beste experts, wellicht ondersteund door een handvol gevorderde amateurs. Dat neem ik met me mee. De missie is sterker dan ooit. Waarmee ik op dit moment nog steeds niet weet of ik door de methode van Wim langer te leven heb. Vergeet echter niet dat het feit dat ik nog niet weet hoe ik het kwantitatief zou moeten meten, wát ik dan zou moeten meten, en dat ik nog niet weet hoe ik het kan vastleggen, iets heel anders is dan een bewijs dat het er niet is: een effect, een verband, al dan niet positief.

Wat ik wel weet, is dat het leven om meer draait dan lengte. Er is ook breedte en diepte. De vreugde die de Journalist voelde tijdens de beklimming en wat hij als 'doorbraak' in zijn ziekte benoemde, kon ik niet volledig met hem meevoelen. Wellicht omdat ik zelf 'genezing' nooit als een serieuze uitkomst van deze reis voor ogen heb gehad. En anders kwam het door de tranen die ik in mijn ogen voelde prikken, die stonden als het ware klaar voor wat er ging gebeuren.

Als ik naar Wim en naar de Journalist kijk, dan vind ik dat er weinig mensen zijn die meer breedte uit hun dagen halen dan zij: elk uur, elke minuut wordt benut. Nieuwe reizen boeken, projecten plannen, de hemel bestormen, dierbaren opzoeken. Soms, heel soms, wordt er ook gewoon in de zon gezeten.

Bovenal wordt er geleefd.

Zomaar weer uit gewoonte het ingeslagen pad volgen is er niet meer bij. De diepte, dat is intensiteit. Dat is het gevoel dat je ervaart als je door je angst heen breekt. De diepte, dat is als je je liefde voelt. Niet slechts voor degenen van wie je 'behoort' te houden, de 'makkelijke' liefde. Juist de liefde voor alles: een vreemdeling, een dier, een boom, een rots.

Terwijl Wim in het vliegtuig voorbijloopt – het lijkt alsof hij aan het inschatten is of er nog net een radslag in het gangpad gemaakt kan worden – weet ik dat dit het grootste cadeau is. Weer in zijn doen, met de energie waar geen eind aan komt, kijkt onze Iceman het vliegtuig rond alsof hij het liefst iedereen in de wangetjes zou willen knijpen.

# XIV

# DE KLEUR VAN IJS

Als je de drempel eenmaal over bent gegaan, dan is alles voor altijd anders. Behalve dat het hetzelfde blijft, natuurlijk.

Hoezeer ik ook verlangde naar A. en de kinderen, hoe dichterbij ze kwamen, des te groter werd weer de aantrekkingskracht van de berg en daarmee ook van de wereld die erbij hoorde. De wereld waarin we nooit zouden sterven. De wereld waarin alles zo helder leek en ik het volledig snapte. Voor even.

Zolang ik op de berg kon blijven, was dat geen probleem. Daar was het veilig, dicht bij de sterren, het oneindige aantal werelden, daar had ik ontelbare sterrenstelsels en werelden tot mijn beschikking. Genoeg beloftes om als afleiding te fungeren, terwijl als ik eenmaal de overstap zou maken, terug zou keren naar de oude wereld, de echte wereld, ik achter zou blijven met slechts één wereld en haar schaduwen.

Onze laatste gezamenlijke tocht als groep leidt ons door de kronkelige gangen van het vliegveld, om uiteindelijk in de bagagehal uit te komen en daar te ontdekken dat onze koffers nog niet zijn aangekomen. De bagagehal is van de ontvangsthal gescheiden door een enorme glazen wand. Vast heel vooruitstrevend en aardig van opzet, maar in werkelijkheid een vergrootglas voor je verlangen om de ander eindelijk vast te mogen houden. De marteling van het zien van je geliefde zonder die te kunnen aanraken. En nog steeds de weerzin om de drempel te passeren.

'Mama! Ik weet eindelijk hoe het afloopt!' roept M. enthousiast. In plaats van te mijmeren over de onmogelijkheden van een glazen wand, heeft hij gewoon de telefoon van zijn vader gepakt en mij gebeld.

'Hoe wat afloopt?' Ik probeer door het glas A. en mijn andere kinderen te spotten en kan het even niet volgen.

'Colourboy natuurlijk.'

'Ah...' Over zijn hoofd heen speur ik nog steeds naar de anderen.

'Want zijn vriendinnetje was toch ook grijs geworden? Ze was ook haar kleur kwijtgeraakt... En die pestkoppen hadden hem in elkaar geslagen en hij kon zijn kracht niet gebruiken...'

Ik knik geestdriftig. Colourboy, het verhaal dat een einde zocht. Een echo uit een andere wereld, was het echt slechts een week geleden dat we hierover spraken? Daar waren we gebleven, inderdaad. Een hopeloze situatie, geen ontsnapping mogelijk. Ik hoop dat hij niet Spiderman heeft laten aanrukken om de onfortuinlijke held alsnog te redden. Als het erop aankomt, helpen helden niet. Of het nou Superman is, Batman of... nou ja, de Iceman dus.

Er is iets wat ik weg moet slikken.

'Dus toen...' Hij zwijgt even.

'Ja?'

'Dus toen deed hij het enige wat hij nog kon doen...'

Weer een pauze. Tot mijn verbazing merk ik dat hij, te midden van de chaos en ondanks mijn wiebelige emoties, mijn volledige aandacht heeft.

'Met zijn laatste krachten hernam hij zich...'

'En?'

'... en gaf zijn eigen kleur aan haar.'

Het duurt even voordat de betekenis van zijn mededeling tot me doordringt.

'Maar dan... O, arme Colourboy...'

'Niet huilen, mama.'

Ik schud mijn hoofd. 'Ik huil niet…' zeg ik, maar toch stromen er tranen over mijn wangen. Hoe zou ik het níét erg kunnen vinden? Colourboy was juist van de kleur. Hij was van het licht…

'Want het kwam daarna juist goed!'

Ik knik zo hard als ik kan. Natuurlijk kwam het goed.

'Want juist omdat Colourboy zijn eigen, laatste kleur weggaf…' praat M. opgewonden verder, alsof hij en ik niet midden in een drukke hal staan, met tientallen onbekende mensen om ons heen, en er geen dagen, mogelijk jaren, zijn verstreken sinds ons laatste gesprek.

'… kreeg hij een Heel Grote Kracht,' maak ik het af.

Door het glas heen kijkt mijn mannetje me doordringend aan, peilend of ik dit verhaal niet al eens eerder heb gehoord.

'Juist,' gaat hij dan door. 'Hij krijgt een Heel Grote Kracht. En kan daardoor de Zwarte Tovenaar verslaan.'

Voor even, denk ik bij mezelf.

Achter M. verschijnt eindelijk A. met ons andere zoontje en ons dochtertje. Zoals altijd ben ik verbaasd over hoe veranderd ze lijken elke keer als ik weg ben geweest, een paar dagen maar. Maar hoe anders ze ook zijn, het basisgevoel blijft hetzelfde.

Voor altijd.

Iemand duwt me mijn koffer in de hand. Werkelijk, het is net alsof die met niets dan lucht is gevuld. Een laatste, korte gang, nog maar één bocht, weinige meters scheiden ons van de achterwand.

Hier openen de deuren zich en betreed ik de ontvangsthal.

# EPILOOG

'Hoe gaat het met je?' De man die tegenover mij zit is Graa Boomsma; hij is zelf schrijver en heeft me begeleid bij het schrijven van mijn eerste boek. Bij het schrijven van dit boek vond ik het niet nodig om hem te raadplegen, zijn stem had zich na de intensieve eerste twee schrijfjaren voor altijd in mijn hoofd genesteld, en leverde vakkundig commentaar op elke geschreven zin. Maar met het einde van het schrijfproces in zicht vroeg ik hem toch er een blik op te werpen. Het gecorrigeerde manuscript ligt tussen ons in op tafel; op de eerste pagina's alleen al tientallen correcties.

'Ik vraag het, omdat dat de vraag is die iedereen gaat stellen,' gaat Graa verder. 'Dus. Hoe gaat het met je?' vraagt hij nog een keer en hij kijkt me ernstig aan.

De indringende vraag veroorzaakt een onaangenaam gevoel bij me en ik begrijp zijn punt. Mijn gezondheid of mijn gemoedstoestand zou geen graadmeter zijn voor de waarde van dit boek; maar misschien zou het lastig zijn om beide elementen ervan los te koppelen.

'Goed,' antwoord ik afwezig, alsof mijn geest wil vluchten voor hetgeen ik Graa ga meedelen. 'Met mij gaat het goed. Maar de Journalist...' Elke keer dat ik het hardop zeg lijkt het zo... definitief. 'Zijn echte naam is Mark Bos. Hij werkte voor Een Vandaag. Mark, de Journalist, is dood.'

Dood. Nog steeds is dat het enige woord dat het fenomeen recht doet. Het enige woord dat een klap in je gezicht is.

Precies datgene wat we afgesproken hadden niet te doen:

niet meer beter worden, zieker worden, doodgaan. Uitgerekend hij, de Journalist. De fanatiekeling, de wielrenner, de marathonloper.

Na zijn overlijden heb ik me vele malen afgevraagd hoe we zijn naderende dood zo uit elk gesprek hebben weten te houden. Zijn diagnose was zo definitief, zo helder; was deze hele zoektocht, deze invulling van zijn laatste weken, maanden, niet slechts één grote façade geweest, één grote illusie? Stelletje naïevelingen dat we waren, waar zijn we in hemelsnaam mee bezig geweest?

Elke menselijke ervaring speelt zich af op een vierkante micrometer en toch.

Dezelfde ervaring is evengoed vaak universeel en zelfs al is dat niet het geval, dan is het nog steeds het enige wat ik heb om op te varen. Ik heb de doodsstrijd mee mogen maken van mijn moeder, die vanaf de diagnose al in een schemertoestand verviel. Als je nog voor de dood het leven verlaat, verloochen je meer dan alleen jezelf. Ook is de prijs hoger dan een paar niet geleefde dagen, weken. Waar gaan die laatste gesprekken over? Over medicatie (die niet helpt), over artsen (die de patiënten nooit persoonlijk lijken te bezoeken), over… niets. Niets wat ik me jaren later nog kan herinneren.

Dan liever een berg op, bibberend, hijgend en oerkreten slakend. Dan liever met een missie.

Dit alles denk ik, hier aan een tafeltje met Graa, die rustig op een antwoord wacht. Want elk boek heeft een reden nodig, een rechtvaardiging voor zo'n onbehoorlijk inkijkje in een anders ziel. Voor iemands tijd, voor iemands gedachten. En wat ik denk is dat het niet uitmaakt hoe het met je gaat. Het leven is niet uitsluitend voor hen wie het voor de wind gaat. Misschien zit het meeste leven juist in het donkerste hoekje; dat is het spel. Vind jezelf in geluk, vind jezelf bij tegenspoed.

Leef, heb lief, ga ervoor.

Of de missie slaagt, de liefde beantwoord, de berg veroverd of de verlichting bereikt wordt, dat doet er niet toe. Niet echt.

Het is juist de beweging, de voortstuwende kracht, die ons leven is.

Doe iets.

# DANKWOORD

Dit boek was niet tot stand gekomen als een groep mensen niet het idee had gevat om überhaupt aan deze hachelijke onderneming te beginnen. Vandaar dat ik als eerste dit clubje mensen wil bedanken met wie ik deze reis heb afgelegd en die voor altijd een speciale plek in mijn hart zullen hebben.

Wim, jij natuurlijk als allereerste! Want zonder jou was het idee om de berg te beklimmen, in zo weinig tijd en met zo weinig kleren aan, natuurlijk nooit ontstaan. Dank ook voor wie je bent. Onverschrokken, open, zonder opsmuk. Bedankt dat je je inzichten met de wereld deelt en bovenal dank voor je grenzeloze geloof in de mensen met wie je samenwerkt. Iedereen kan het! Dank je dat ik dat zelf heb mogen ervaren. Mooi ook dat de wetenschappelijke wereld je inzichten stukje bij beetje van onderbouwing voorziet. De nieuwste informatie hierover, en over Wim zelf, is te vinden op: http://innerfire.nl.

Dan onze groep. De regels van onderhoudend vertellen zijn onverbiddelijk; breng met zo weinig mogelijk woorden zo veel mogelijk diepte en breedte aan in je verhaal. Een minutieuze opsomming van alle voorvallen die zich in die weken hebben voorgedaan, past daar helaas niet bij. Terwijl in elk van mijn dappere medereizigers een volledig boek schuilt!

Alma, bedankt voor je niet-aflatende steun en de warmte die je te allen tijde uitstraalt.

Jan Willem en Maurice, wat een eer om de laatste meters naar de top samen met jullie te hebben mogen afleggen!

Henk, dank voor je droge humor en je volharding.

Geert, bedankt dat je over onze veiligheid hebt gewaakt en voor jouw bijdrage aan onderzoek met betrekking tot de werking van kou op ons welbevinden (meer informatie hierover op o.a. www.coolchallenge.nl).

Dave, wat gaaf dat je de organisatie van de Kilimanjarotocht op je hebt genomen, wat een megaklus is het geweest! Mooi ook dat je je organisatietalenten opnieuw inzet voor de nalatenschap van Mark Bos, bij het volgende uitdagende evenement dat jaarlijks in IJsland gaat plaatsvinden: Ice for Life (http://www.ice4life.nl).

Matthijs, bedankt voor het dansen, zelfs als er geen muziek was.

Robert, dank je voor het meebrengen van de extra spirituele dimensie.

Hans, bedankt voor de steun en humor.

Alex, je was de stille kracht in onze groep op het moment dat iemand die nodig had.

Daniel, bedankt voor je geloof in mij.

Linda, je blijft een inspiratie!

Ed, mooi dat je nooit opgeeft.

Jerry, jij weet als geen ander de focus te behouden.

Edo, dank voor het uitlenen van je muts, precies op het moment dat ik die het meest nodig had!

Zeger, dank voor de motivatie op het zwaarste stuk, gelardeerd met de meest poëtische krachttermen.

Ralph, onze man die overal ter wereld halfbloot door de sneeuw ploetert.

Leon, dank voor je wijze inzichten en je doorzettingsvermogen.

Bart P., bedankt voor al het materiaal dat je hebt geschoten.

Bart E., wat was het mooi om te zien dat niets je tegenhield.

Klaas Senior en Klaas Junior, dank dat we dit avontuur samen hebben mogen beleven! De verhalen zullen nog jaren opduiken op menig familiefeestje. Dank ook aan de rest van de schoonfamilie, met mijn schoonmoeder Marleen voorop. Bedankt voor de niet-aflatende steun, zelfs op momenten dat twijfel de boventoon voerde. Het zal u als lezer trouwens verheugen te lezen dat mijn schoonvader sinds het Kilimanjaro-avontuur allerlei expedities heeft ondernomen (het Santiago de Compostella-pad en tal van andere uitdagende tochten) en dat hij dat samen met zijn lieve vrouw heeft gedaan.

Coen, voor jou was de reis extra speciaal. Want behalve de overwinning en een ervaring heb je er ook een vriend aan overgehouden. Mark Bos en jij zijn heel snel hechte vrienden geworden en de manier waarop jij en je vrouw voor Mark hebben gezorgd in zijn laatste dagen heeft op ons allen een diepe indruk gemaakt. Het initiatief dat je samen met Mark hebt bedacht, My Small Step (http://www.mysmallstep.com), waarbij kankerpatiënten vrijwillig hun data kunnen delen om zo meer inzicht te verkrijgen in wat werkt en wat niet, is precies datgene wat de ontwikkeling van optimaal werkende geneesmiddelen en geneeswijzen kan versnellen.

Als laatste van onze groep wil ik Mark bedanken. Wat ging het ineens snel. Zaten we de ene week nog te kletsen (o, wat was je benieuwd naar 'de Journalist'), bleek het een week later, toen ik je toch maar het halfbakken manuscript wilde sturen, ondoenlijk voor je om het te lezen... Dank dat ik je buddy mocht zijn, dank voor de keren dat je me liet lachen en dank voor de tranen, fijn dat ik ook toen een stukje naast je mocht lopen. 'Ik wil omhoogkomen, zodat ik de volgende keer iemand mee op mijn rug kan nemen', was jouw doel voor deze reis. Je nalatenschap, je open oproep om de stem van de patiënten luider te laten klinken plus je concrete inspanningen binnen My Small Step zullen hopelijk precies dat bereiken en de reis van vele patiënten verlichten.

Bij het bedanken van ons team past het ook om dat andere team te bedanken dat met ons de berg op ging. Op de eerste plaats onze gidsen, voor hun geduld en volharding. Vooral wil ik mijn gids Albeli bedanken, die met zijn 'Tien minuten nog maar' de onmogelijke reis telkens weer tot behapbare proporties terugbracht. Grote dank ook aan de dragers en de koks, de onvolprezen helden van elke tocht die naar de top van de Kilimanjaro voert.

Een heel grote dank gaat natuurlijk uit naar het thuisfront, mijn dierbaren, voor wie de reis bij vlagen niet minder spannend is geweest dan voor mijzelf. Dank je, liefste Arnout, mijn rots, die me op elke reis vergezelt en die zich zo onverstoorbaar door al onze avonturen heen slaat. Dank dat je er bent.

Dank ook aan mijn oudste zoon Max. Lieverd, wat heb je een prachtig verhaal verzonnen! Colourboy blijft voor altijd in ons hart. Jan, dank voor al je grapjes, die moeilijke dingen op slag lichter maken, en Alicia, je blijft ons zonnestraaltje! Samen vormen jullie de uitbundigste kleur.

Een heel warm woord van dank ook voor alle mensen met wie ik in mijn dagelijks leven mag werken. Bedankt voor de steun en het vertrouwen tijdens en rondom de tocht, maar vooral voor wie jullie zijn. Leven is zoveel interessanter als je al die uren mag doorbrengen met mensen zoals jullie: de gevers, de aanjagers, de doeners. Zij die in mogelijkheden denken en altijd een oplossing of anders op zijn minst een goed verhaal paraat hebben.

Een aparte vermelding wil ik wijden aan de alternatieve voedingsmethode die ik in dit boek aanhaal maar niet beschrijf. De voedingstest die ik heb ondergaan is de Medisynx Methode, ontwikkeld door dr. Anne-Margré Vink. Dank, ik heb er veel baat bij gehad.

Tot slot wil ik allen bedanken die aan dit boek meegewerkt hebben. Om schrijven mag dan een zweem van afzondering en eenzaam geploeter hangen, dat is echter slechts ten dele waar. Bedankt, Aleid Truijens, voor de begeleiding; bedankt, Lili de Ruiter en Graa Boomsma, voor het meelezen en de aangedragen suggesties.

Mijn uitgever, Luitingh-Sijthoff, wil ik in het bijzonder bedanken voor het vertrouwen dat ze stellen in beginnende schrijvers in het algemeen en ook voor het vertrouwen dat aan dit boek werd geschonken, nog voor de eerste letter op papier was gezet. Mijn speciale dank gaat uit naar mijn redacteur Hedda Sanders: je geduld kent geen grenzen. Graag wil ik jou en je team bedanken voor de tijd en de aandacht die jullie aan dit boek besteed hebben.

Dank allemaal, zonder jullie was het boek nooit tot zijn volle wasdom gekomen!